遠離甘地的國度

世俗主義與宗教民族主義交戰下的印度政治

藍筱涵◎著

拜訪中華民國駐印代表處（新德里台北經濟文化中心），瞭解台灣與印度目前的交往關係與未來發展目標。會後與翁文祺大使（後排右三）、陳牧民教授（後排右二）合影，拍攝於 2012/2/3。

拜訪 RSS 高階幹部暨發言人 Ram Madhav（右三），會後合影，拍攝於 2012/2/9。

參訪 BJP 黨部，與黨主席特別助理 Vaibhav Dange（右三）合影，拍攝於 2012/2/10。

人民黨（Janata Dal）街頭集會活動，拍攝於 2012/2/5。

拜訪印度上議院議員 Chandan Mitra（中），會後合影，拍攝於 2012/2/10。

BJP 黨部

BJP 黨部

拜訪 BJP 黨部簽名

遠離甘地的國度

　　藍研究生的碩士論文探討的主題是相對冷門的印度政黨發展史，而且從最大的在野黨人民黨（BJP）下手，作為曾在印度服務過一段時間的外交人員，個人深悉印度在發展開放的過程中，政治所扮演的重要角色，要瞭解印度，就要瞭解印度的政治，但如果不從她的反對黨下功夫，將會是很大的缺憾。藍文的付梓，個人特別要予以肯定和鼓勵，因為該文讓讀者得以深入了解印度在後殖民時代的政黨發展過程，從國大黨的一黨獨大到國大、人民兩黨爭雄以至於今天的多黨林立，其中國人較為陌生的人民黨將持續扮演舉足輕重的角色。

　　作為一個研究對象，印度的方方面面提供了多元的素材，令人可以上窮碧落下黃泉，孜孜研究，樂此不疲。作為一個外交人員，個人則更關心印度的重要性何在，和如何能為台灣所用。簡單的說，印度近年來在國際社會嶄露頭角，無論是經濟、文化或是國際政治上的地位與日俱增，已經不容任何人忽視；相對台灣而言，印度的政治動向，經濟發展，已經有能力影響台灣未來三、五十年的發展，台灣的經濟既以貿易為主軸，市場在哪裡，台灣就要面向哪裡，而下一個可以和中國大陸相較量的市場就是印度。所以個人過去四年多在印度服務，常以「經略印度」四個字自勉，也與代表處同仁和國內來印考察的工商團體互勉，呼籲大家學習當年的英國和現在的韓國，有策略、有決心的前進印度，將印度廣大的市場化為台灣的經濟腹地。在往這個目標進發的同時，國人也一定要對印度

的政治生態有所瞭解，這不僅包括曾經長期執政的國大黨，更是曾經執政過，未來仍有可能執政的人民黨。所以，藍文對於有心初探印度政治堂奧，進而前進印度的讀者而言，不啻提供了一份入門的參考。

臺印關係曾經中斷過 40 餘年，直到 1991 年印度啟動經濟改革開放後的第 4 年，兩國政府才協議互設代表處，展開實質交往。就在過去幾年中，我們樂見雙方關係日益增進，從相互承認大學學位備忘錄和避免雙重課稅協定的簽訂、到部長級官員的訪問、清奈辦事處的開幕、自由貿易區協定（FTA）可行性研究的開展、以及去（2012）年 4 月間印度政府同意馬總統出訪專機過境加油等等，顯示出雙方關係已經從多年前的冷漠轉趨熱絡，而且步上軌道，不易逆轉。展望未來，尚有無數可資開拓的空間，從事印度研究，此其時也。

藍文的指導教授陳牧民老師走在趨勢之先，以接近傳教士的精神，投入印度研究多年，帶領學生走訪印度各地，並間接協助政府的外交工作，個人至為感佩。藍生論文無論框架、立論、鋪陳與結語多見陳教授指導的身影，洵為佳作，本人有幸受邀添筆附墨，實難以增益，謹以此文交卷，並為序。

翁文祺

自　序

　　身為研究生，最快樂的事，就是能找到自己有興趣的研究方向，明查暗訪，潛浸其中；撰寫一篇論文，至關重要的，是遇上一位，能給予信心、指導和全力支持的指導教授；而最後，一名研究生、論文完成後，最大的榮幸與成就，莫過於將論文付梓、出版，將研究發現與各方先進分享、更希望激發外界對該議題的重視與興趣。倚靠上天眷顧和一股莫名的堅持與著迷，三年來，我成為最快樂、充實與榮幸的研究生。

　　本書運用半年的時間，堆砌、整理完成，用兩年半的時間，接觸、認識這一個過去完全陌生的奇幻國家——「印度」。從眾人吹捧她的輝煌經濟，我更擔憂她們複雜、糾葛的宗教、政治問題，影響社會發展；當旁人對她的進步與和諧抱持懷疑與否定，我卻在當地，看到了人類強韌的生命力與人民對國家、社會未來最大的期許和關懷。正因為對印度這個龐大的國家機器，在政治、宗教、社會各大元素交雜、糾結下，如何能運行不墜？儘管有時仍會因超過負荷而停擺，但踽踽齟齬仍走至今日，因著一份執著、好奇和熱情，我有勇氣完成這本印度宗教、政治研究的書。

　　三年來能在從容、順利的環境下完成研究所學業，首要感謝的絕對是家人的支持與鼓勵，他們是我最堅強的後盾。而三年所經歷的點點滴滴、美妙挑戰、書中的一字一句，則全歸功於中興大學國際政治研究所陳牧民教授對我的指導與肯定，因為有教授的信任與傾囊相授，在浩瀚的印度研究中，我能堅定方向、不迷失，也因為

有教授，我才能走訪印度，寫下我的奇幻之旅。論文能出版，陳教授更是最大的推手，也特別感謝教授為本書寫下深入淺出的導讀，除了讓本書內容更加豐富與紮實外，更希望讓讀者在閱讀前，對印度當前的政治、宗教發展建立宏觀的架構，激發興趣、輕鬆閱讀。

更加感謝中華民國前駐印大使翁文祺先生，為本書寫序。能獲翁大使的肯定，是學生莫大的榮幸與驕傲。在 2012 年 2 月走訪印度時，拜陳教授之福，拜訪辦事處，聽聞翁大使談論我國與印度的發展願景，從該刻起，著為我投入印度研究注入一劑強心針，實也激起筆者希望能為台灣的印度研究，進一己棉薄之力！再次感謝翁大使推薦本書並為序，寫下精闢、獨道且真實的印度世界！

再者，要感謝一路上給予學生建言、支持的每一位師長、朋友。國防大學沈明室教授、清華大學方天賜教授，謝謝您們在論文審核時給我的指導、改正與肯定，使全文更加嚴謹與縝密；感謝在台灣、印度的每一位教授與受訪者：尼赫魯大學 Dr. Naidu、印度 ORF 資深研究員 Dr. Raji 和政治大學國關中心那瑞維教授。Dear Dr. Naidu, Dr. Raji, Dr. Ravi and Dr. Ashok, the thesis cannot be finished without your assists and there is no words can express my gratitude. I enjoyed the days we are together in Taiwan and India. There were the most wonderful memories of my life. Thank you so much for your encouragements and the invitation. And thanks for giving me such a penetrating viewpoints. With no doubts, it is my honor to know all of you. Thank you so much and I am really appreciated.

中興國政所的老師們、助教，有您們三年來的栽培與鼓勵，才能帶我走到現在，謝謝你們；朋友們，謝謝你們總是不斷的給我信心與歡笑，伴我走過低潮與壓力，謝謝你們！最後，特別感謝，秀威出版社的佳怡小姐、亢虎先生與編輯們對本書的肯定與信任，一起協力完成論文書的出版。謝謝！

　　親愛的讀者們,出發吧!讓我們帶著一個開闊、好奇的心,一同走進印度這個豐富、神秘、令人想一窺究竟的燦爛之門!

筱涵

2013 年 2 月　高雄

目　次

表目次

導　讀

陳牧民／國立中興大學國際政治研究所副教授

　　對當代政治學者而言，印度是一個讓人感到困惑的地方：民主理論假設一個國家要出現真正的民主體制，得先要有穩定的經濟與社會條件為基礎。當經濟發展到一定的程度，才能產生足夠數量的中產階級來參與及監督政治，也才會促使執政者進行民主試驗。當民主制度確立之後，其分權制衡與政黨交替執政的設計將監督執政者及政府官員的行為，讓資源獲得更合理、公平的分配。換言之，只有民主才能有效遏制貪污腐敗的現象。

　　不過印度的情況幾乎與以上這些民主理論的假設相反。這個國家自 1947 年獨立以來多數時間人民都很窮，文盲比例也很高，卻一直能維持民主的政治體制，選舉產生的政黨輪替也都大致順利，從未出現政變或軍人獨裁的情況。[1]另一方面，印度的民主政治也沒有讓貪污現象變得比較少。去年印度國家計劃委員會（Planning Commission，類似我國的行政院經建會）在一份送交政府的內部報告中透露：印度每年貪污的金額可吃掉國內生產總值（GDP）的

---

[1]　根據世界銀行 2011 年的估計，全印度有 32.7％的人口生活在貧窮線以下（以相對購買力來計算每日收入在 1.25 美元以下），收入在 2 美元以下的人口更多達 68.7％。印度剛獨立時只有 12％的人口識字，到了 21 世紀的今天，識字率已經提升到 74％，不過仍然低於全球平均值（84％）。見：http://povertydata.worldbank.org/poverty/country/IND

1.5％；報告還說如果政府官員貪污的程度能夠降到北歐國家的水平，外國投資金額可以增加 12％。[2]今（2012）年 8 月，印度政壇爆發所謂「煤炭門」（coal-gate）弊案醜聞，政府官員長期將煤礦開採權發包給特定對象，包商獲利金額高達 330 億美元，整個過程長達十年之久都沒有遭到質疑。[3]換言之，民主並沒有讓印度這個國家變得比較清廉，政客與官僚的貪污行徑不僅沒有受到制裁，有時甚至還能利用司法審判曠日費時的特性來逃避法律制裁。

　　正因為印度政治中這些違背常理的現象，讓人更想探究其運作方式與其他國家有何不同，以及形成這種制度的背後原因。要瞭解今天的印度，可從其歷史開始講起。

　　印度雖然是世界四大文明古國之一，但歷史上從來都不是一個真正統一的國家。過去印度歷史上出現的各種強大王朝，例如孔雀王朝（即阿育王帝國）、朱羅王朝（1－13 世紀位於南印度的國家）、蒙兀兒帝國（由阿克巴大帝所建立的波斯化國家）等，都沒有統治今天印度國土的全部。真正把整個印度納入統治範圍的是 18 世紀才來到這裡的英國人。

　　英國人最早是以承包蒙兀兒帝國稅收的方式在印度活動，而後逐漸擴大其影響力，最後乾脆取代蒙兀兒帝國，成為印度的實際統治者。英國政府在 1858 年將原來由東印度公司統治的方式改為直接統治，建立「英屬印度」（British Raj），其國家元首（印度皇帝）由英國國王或女王兼任。不過印度的許多地方並不是由殖民地政府直接管轄，而是名義上獨立的土邦（Princely State），因此英屬印度

2　*Hindustan Times*, November 20, 2011, http://www.hindustantimes.com/News-Feed/India/Graft-costing-India-1-5-of-GDP-growth-each-year/Article1-771542.aspx

3　〈印度煤炭門引爆政壇貪腐內幕〉，《紐約時報》中文版，2012 年 9 月 19 日，http://cn.nytimes.com/article/world/2012/09/19/c19india/zh-hk/

是由英國統治的行省與 562 個各式各樣的土邦所組成的廣大地域，其範圍包含了今天的印度、巴基斯坦、孟加拉、以及緬甸（後者在 1937 年後成為英國直屬殖民地）。英國殖民當局在 1935 年制訂「印度政府法案」（Government of India Act of 1935），引進一種接近中央集權的聯邦制度。這種設計的目的是為了讓不同宗教、種姓、與民族的社群都能夠被納入一個統一的政治組織之下，也是為了緩和不同宗教社群間（特別是印度教徒與伊斯蘭教徒之間）愈來愈嚴重的衝突。不過因為二次世界大戰爆發，這部法案一直沒有完全實施，信仰伊斯蘭教的穆斯林領袖則在此時開始倡議建立自己屬於的國家巴基斯坦。

二次世界大戰後期，英國政府迫於形式，決定同意印度獨立建國。從 1945 年 6 月開始，英國就邀集了國大黨代表以及穆斯林領袖真納（Muhammad Ali Jinnah）等人進行密集協商，目的是希望印度教徒與穆斯林都能在統一的印度下共享政治權力。1946 年 3 月，英國工黨政府派遣內閣使節團前往印度，提出一個複雜的三重聯邦政府草案，內容是將印度分成三個大聯邦省區，其中西邊與東邊兩個省區（即後來的巴基斯坦與孟加拉）屬穆斯林，中間的省區（即後來的印度）屬印度教徒。不過後來這個計劃被國大黨否決，使得穆斯林最後只能選擇獨立建立自己的巴基斯坦。

印度與巴基斯坦兩國都自詡為英屬印度的繼承者，不過後來的發展卻完全不同。巴基斯坦建國者確立這個國家的伊斯蘭性質，此後整個國家也真的逐漸走向伊斯蘭化。而在印度，世俗主義（secularism）一直是主要的建國理念，印度的憲法、國旗國徽、政治體制等都看不到任何宗教的影子。即使印度是一個高度宗教化的社會，建國初期的政治領袖也都刻意維持不偏袒任何宗教的立場。這種堅持世俗主義的政治立場，其實與聖雄甘地（Mahatma Gandhi）及後來擔任首位總理的尼赫魯（Jawaharlal Nehru）有很深的關係。

　　甘地是印度獨立建國的推手，一直到今天仍在印度享有崇高的地位。一般人對甘地主義（Gandhi Doctrine）的理解是其用非暴力抗爭的方式與不合作運動的策略來對抗大英帝國，最後迫使殖民當局同意讓印度獨立，也避免了一場可能因爭取獨立而引發的戰爭。不過甘地帶給印度人民最大的政治遺產，是確立印度成為一個世俗民主國家的路線，也就是將政治與宗教脫鉤，強調所有宗教族群在憲法下一律平等。甘地本身成長於印度教家庭，其非暴力哲學也明顯是受到印度教的影響，但他為了讓各宗教彼此尊重，宣稱自己沒有特定的宗教信仰。為了避免印巴走向分裂分治，甘地非常努力地調和印度教徒與穆斯林兩個族群之間的關係，並且堅持獨立後的印度一定要平等對待所有的宗教與種族社群，他的理想是讓這個國家成為所有人共同安居的樂土，只是這個願望最終因為巴基斯坦獨立出去而沒有完全實現。

　　作為甘地主義的繼承人與甘地路線的執行者，印度首任總理尼赫魯與其領導下的國大黨政府繼續堅持世俗主義的立場，一方面是為了標榜與巴基斯坦不同的建國理念，另一個更重要的原因是只有世俗主義才能將印度境內複雜交錯的種族、宗教及語言族群納入統一的現代國家體系之內。這也是今天印度境內有 17 種官方語言，1600 種使用中的語言及 7 種宗教信徒的原因。另一方面，尼赫魯從 1929 年開始就成為國大黨主席，獨立後更擔任總理兼外交部長達 18 年之久（直到 1964 年去世），在印度政壇上的地位無與倫比，也讓國大黨得以長期在國會選舉中獲得多數席次而單獨執政。尼赫魯領導下的國大黨和過去爭取獨立時期最大的不同，在於對印度的發展方式與國家定位有很明確的主張，簡單來說就是政治上擁抱世俗主義，經濟上發展社會主義式的混合經濟，在外交上堅持反殖民主義與不結盟。這些主張在尼赫魯過世後繼續成為國大黨的信仰教條，也只有堅持尼赫魯路線的人才能夠在國大黨內取得合法的領導權。

　　尼赫魯在世的時候或許沒有意識到他已經把國大黨轉改造成一個完全遵從他政治理念的政團,但是當他的女兒英迪拉(Indira Gandhi,國內通常稱為甘地夫人)在 1967 年成為國大黨領袖之後,這個政黨的確變成甘地－尼赫魯家族獨門掌控的政治事業。之後的三十年間,甘地夫人和他的兒子拉吉夫(Rajiv)、義大利籍媳婦索尼亞(Sonia)相繼成為國大黨主席,甘地夫人及拉吉夫也都當過總理(也都在任內遭暗殺身亡)。索尼亞目前擔任「聯合進步聯盟」(United Progressive Alliance,由國大黨與十餘個其他政黨組成的執政聯盟)主席,她的兒子拉胡爾(Rahul)自從 2004 年後就擔任下議院議員至今,目前還兼任國大黨秘書長;另一個女兒普里揚卡(Priyanka)也是現任國人黨議員。印度各界盛傳現年 42 歲的拉胡爾將繼現任總理辛格(Manmohan Singh)之後成為下一屆總理——當然前提是國大黨能夠繼續執政。

　　從制度設計來看,印度獨立之後採取類似英國的內閣制,總統為虛位元首,實際政治權力掌握在由總理領導的部長會議(即內閣)手中。自從 1977 年反對國大黨的一些政黨組成人民黨(Janata Party),並在國會選舉中獲勝取得執政權之後,就沒有一個政黨能夠憑自己的力量單獨執政,印度正式進入聯合政府執政的時代。在所有曾經挑戰國大黨與尼赫魯家族的政治勢力當中,印度人民黨(Bharatiya Janata Party)是一個非常特殊、也是非常成功的案例,這也正是本書的主題。

　　印度人民黨是在 1980 年才正式成立的政黨,比國大黨幾乎晚了一個世紀之久(國大黨是在 1885 年由英國人休姆 A.O. Hume 和一群受英國教育的印度菁英所創立),不過卻能在短短十六年內成為國會最大黨,並在 1998 年取得執政權。不過如果真的要探究印度人民黨的崛起,就必須瞭解為什麼印度教民族主義會發展成為獨立後印度政治上一股非常強大的力量,以及印度人民黨如何運用這

樣的力量來壯大自己的實力。印度教是世界第三大宗教，全世界信徒人數大約在 8－10 億之間。印度教其實是一個融合神學、哲學、以及生活方式的綜合體，內部不同教派之間也存在很大的差異，不過都奉三千多年前撰寫的《吠陀經》為經典教義。

和世界上其他宗教最不同的是，絕大部分（大約 95％以上）的印度教信徒都居住在印度境內，而印度教也的確是印度的「國教」：估計全國總人口的八成以上為印度教徒。在印度人的認知裡，佛教與錫克教也都源自印度教，耆那教（Jainism）雖然與印度教同樣古老，但二者有很多理念（如非暴力與業報）是相通的。

在歐洲人來到印度之前，印度教並不被視為一個單一宗教，幾千年來印度人一直用自己的方式敬拜神祇，但當英國人接觸到印度人的宗教信仰之後，才將其冠上「印度教」的名稱。十九世紀末到二十世紀初，印度教徒在歐洲殖民及外來基督教的刺激下，發展出一連串宗教復興的運動，希望用新的方式來詮釋印度的獨特性。這種「印度教特性」（Hindutva）不僅是信徒建立自我身份認同的方式，也是印度人爭取政治獨立、建立新國家背後的一股強大支撐力。因此印度如果作為一個「國家」而不是「文明」在世界舞台上出現，這個國家就必須展現其宗教、民族與文化的整體性，這也就是為什麼在印度正式獨立前，一些以提倡印度本土宗教精神、抗拒伊斯蘭教與基督教力量、反對西式生活與文化為目的的組織就已經先後出現。這些組織中最有名的包括 1907 年成立的「印度教大齋會」（Hindu Mahasabha），以及建立於 1925 年的「國民志願者聯盟」（Rashtriya Swayamsevak Sangh）。1948 年暗殺甘地的兇手高德西（Nathuram Godse）本身就是一位狂熱的印度教民族主義者，同時也是印度教大齋會及國民志願者聯盟的成員。

在印度獨立後，各類印度教民族主義組織的數量及影響力都持續增加，雖然這些組織有各自主張與活動範圍，但是都團結在一個

最高的目標之下，也就是建立一個具有印度教特性的現代國家，將
印度教特性、印度民族主義、以及印度共和國三個概念緊密結合。
當這種印度教民族主義的思維轉化成一股政治力量，會變得非常強
大。1992 年 12 月 6 日，印度人民黨和眾多印度教民族主義團體竟
然能號召 20 萬人，以「徒手」的方式將位於阿瑜陀市（Ayodha）
的一座三百五十餘年歷史的巴布里清真寺（Babri Mosque）完全拆
毀，理由是這座清真寺蓋在印度教「傳說」中英雄「羅摩」王子的
出生地上。為了號召印度教徒共同參與這個活動，印度人民黨將一
輛豐田牌卡車打扮成羅摩王子的戰車模樣，讓六十多歲高齡的黨主
席主席阿德瓦尼（A. K. Advani）親自站在車上巡迴整個北印度遊
行演講。這輛「戰車」所到之處萬人空巷、風靡一時，直到最後抵
達目的地阿瑜陀之前才被當地省長阻攔下來，而這種戰車遊行的宣
傳方式也讓印度人民黨在下議院的席次從 1989 年的 89 席竄升到
1991 年的 120 席，1996 年增加到 161 席，成為國會最大黨。[4]1998
年 5 月的選舉，印度人民黨成功地與其他 13 個地方小黨結合，終
於取得國會多數而上台執政。新任總理瓦傑帕伊（A. B. Vajpayee）
更在上台兩週後下令進行核子試爆成功，震驚全世界。

　　此後印度人民黨領導下的執政陣線「全國民主聯盟」（National
Democratic Alliance）帶領印度跨越千禧年，度過 2001 年美國攻打
阿富汗塔利班政權及當年底的國會大樓遭恐怖攻擊事件，直到
2004 年才敗選下台。目前雖然在野，印度人民黨仍然是國會中第
二大黨，也是政壇上唯一有實力挑戰國大黨執政地位的全國性政
黨。與其相關的各類印度教民族主義組織如國民志願者聯盟、世界
印度教議會等仍然蓬勃發展。筆者在今（2012）年 2 月間與指導的

---

[4]　關於這個事件的報導及其影響，請見：http://indiatoday.intoday.in/story/
1990-L.K.+Advani's+rath+yatra:+Chariot+of+fire/1/76389.html

研究生、也是本書作者藍小姐前往印度人民黨總部拜訪，並與黨主席特別助理 Vaibhav Dange、上議院議員 Chandan Mitra 等人會談時，發現他們都對於 2014 年重返執政深具信心，也一再強調外界對印度人民黨支持狹隘宗教民族主義的看法都是媒體曲解的結果。雖然印度人民黨目前在國會的席次不如國大黨，但在全國 10 個邦執政，比國大黨（9 個）還多。不過今年 2 月至 3 月間在北方邦（Uttar Pradesh）舉行的邦議會選舉裡，印度人民黨並沒有能夠成功擊敗國大黨。北方邦是印度人口最多的省份，也是甘地－尼赫魯家族的選區所在地，因此這次選舉普遍被印度媒體解讀為 2014 年全國大選的前哨戰。選前國大黨主席索尼亞之子、也是國大黨秘書長拉胡爾親自至該地進行操盤，一般認為國大黨主要的目的是擊敗頗具爭議的北方邦首席部長瑪雅瓦蒂（Mayawati）女士以及其率領的賤民黨（Bahujan Samaj Party），而印度人民黨則希望利用這次選舉來增加其地方影響力，為重返執政鋪路。不料最後選舉結果卻是由另一個地方型政黨社會黨（Samajwardi Party）獲得最多席次（403 席中的 224 席），印度人民黨、國大黨、甚至賤民黨的席次都大幅減少。

北方邦這次的選舉結果預示了一個更弱化的國大黨及鬆散的內閣將會持續到 2014 年大選，而印度人民黨是否有可能再造 1990 年代旋風，一舉擊敗國大黨重新上台執政，將是觀察印度未來政治趨勢的重點。當然無論是印度人民黨還是國大黨，目前都只能與地方黨派合作才會在國會取得過半席次，這使得這兩大黨會在很多議題上遭到地方性政黨挾持，難以依據自己的理想來執政，這也是印度人民黨目前面臨的最大挑戰。

總之，研究印度政治並不能單用西方的理論模型來套用，而必須先瞭解印度各種政治勢力背後的經濟與社會基礎，才有可能歸納出一些可供觀察的準則。這個國家自獨立以來，一直在世俗主義與

宗教民族主義之間搖擺，民主的政治制度則提供了這兩股力量相互
角力的最佳場域。印度人民黨的快速崛起與執政與其說是印度政治
發展史上的異數，不如說是印度教民族主義力量對抗尼赫魯家族掌
控下的國大黨世俗主義之必然結果。作者藍筱涵小姐花了一年的時
間來撰寫這本書，訪談在台灣能夠接觸到的印度學者，甚至還親赴
德里進行實地考察，對一個碩士研究生而言，是很難得的經驗和訓
練。而這本書對於印度宗教民族主義的起源、印度人民黨的興起與
執政、以及 2004 年敗選下台迄今的發展都有詳盡的描述與分析，
雖然內容不能涵蓋印度政治的全部，但是對於尚未完全建立南亞區
域研究的台灣學界來說，這本書已完成了很重要的紮根工作。希望
讀者能夠在本書的帶領下，走進印度宗教與政治研究的燦爛之門。

用語對照表

壹、政黨聯盟、全國性政黨與地方性政黨

簡稱	全稱	中／英譯
NDA	National Democratic Alliance	全國民主聯盟
UPA	United Progressive Alliance	團結進步聯盟
BJP	Bharatiya Janata Party	印度人民黨
BSP	Bahujan Samaj Party	大眾社會黨
CPI	Communist Party of India	印度共產黨
CPIM	Communist Party of India (Marxist)	印度共產黨（馬克思主義）
INC	Indian National Congress	國大黨
INC(I)	Indian National Congress (Indira)	國大黨（英迪拉）
INC(O)	Indian National Congress (Organisation); Old Congress	國大黨（組織派）
JD	Janata Dal	人民黨
JD(S)	Janata Dal (Secular)	人民黨（世俗派）
JD(U)	Janata Dal (United)	人民黨（統一派）
JS	Jana Sangh/Bharatiya Jana Sangh	人民同盟
NCP	Nationalist Congress Party	民族主義國會黨
RJD	Rashtriya Janata Dal	國家人民黨／National People's Party
SAP	Samata Party	平等黨
Swatantra Party		自由獨立黨／Free Independent' Party
AGP	Asom Gana Parishad	阿薩姆人民協會／Assam Peoples Association

AIADMK	All India Anna Dravida Munnetra Kazhagam	全印安納達羅毗荼進步聯盟
AITMC	All India Trinamool Congress	草根國大黨
BJD	Biju Janata Dal	勝利人民黨
BLD	Bharatiya Lok Dal	印度民眾黨／ Indian Peoples' Party
DMK	Dravida Munnetra Kazhagam	達羅毗荼進步聯盟
HVP	Haryana Vikas Party	哈里亞納發展黨／ Haryana Development Party
INLD	Indian National Lok Dal	印度全國民眾黨
JP	Janata Party	人民黨／People's Party
JKN	Jammu & Kashmir National Conference	查謨與喀什米爾全國會議黨
JMM	Jharkhand Mukti Morcha	賈坎德解放陣線／ Jharkhand Liberation Front
MDMK	Marumalarchi Dravida Munnetra Kazhagam	復興達羅毗荼進步聯盟
MGRADMK	M.G.R Anna Dravida Munnetra Kazhagam	M.G.R 安納達羅毗荼進步聯盟
PMK	Pattali Makkal Katchi	
RLD	Rashtriya Lok Dal	國家民眾黨／ National People's Party
SAD	Shiromani Akali Dal	阿卡利黨／ Supreme Akali Party
SP	Samajwadi Party	社會主義黨／ Socialist Party
SS	Shiv Sena	濕婆軍黨
SSP	Samyukta Socialist Party	聯合社會主義黨／ United Socialist Party
TDP	Telugu Desam Party	泰盧固之鄉黨

貳、組織、人物與相關詞彙

中文	原文
全印學生聯盟	Akhil Bharatiya Vidyarthi Parishad, ABVP
印度青年民兵	Bajrang Dal, BD
印度農民組織	Bharatiya Kisan Sangh, BKS
印度勞工公會	Bharatiya Mazdoor Sangh, BMS
一人教師基金會	Ekal Vidyalayas
印度教大齋會	Hindu Mahasabha
印度公會禮堂	Hindu Sabha
下議院	Lok Sabha
國家教育研究與培訓委員會	National Council of Educational Research and Training, NCERT
上議院	Rajya Sabha
全國女性自願服務隊	Rashtra Sevika Samiti
國民志願服務者聯盟	Rashtriya Swayamsevak Sangh, RSS
聯合家庭	Sangh Parivar, SP
守護印度	Seva Bharati
全印印度教育學校	Vidya Bharati Akhil Bharatiya Shiksha Sansthan, VB
世界印度教議會	Vishwa Hindu Parishad, VHP
戈爾瓦卡	M. S. Golwalkar
薩瓦卡爾	V. D. Savarkar
阿瑜陀	Ayodhya
印度教國家	Hindu Rashtra/ Hindu Nation
印度教主義	Hinduism
印度教徒特性	Hindutva

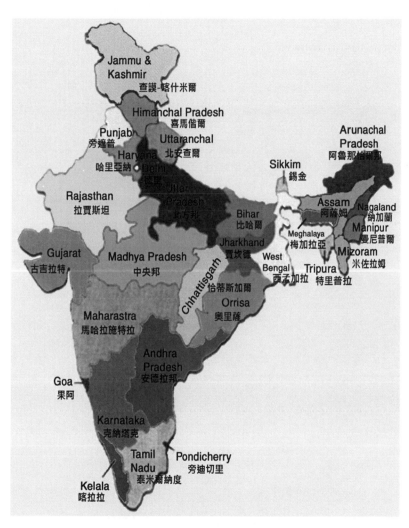

印度地圖

資料來源：筆者整理繪製。

第一章　走進印度宗教與政治的燦爛之門

第一節　門後的故事（研究動機）

位於印度北方邦（Uttar Pradesh）的阿瑜陀市（Ayodhya），長期以來飽受宗教衝突所苦，歷來又以 1992 年「阿瑜陀事件」最為嚴重。1992 年 12 月印度教民族主義組織竟能號召二十多萬名信徒，徒手拆毀 1548 年建造的「巴布里清真寺」（Babri Masjid），只因為印度教徒堅信這座古老清真寺的位置，正好是印度傳奇英雄「羅摩」（Rama）王子的出生地。

自英國統治後，印度教徒就開始極力主張必須拆除這塊聖地上的清真寺，重建印度廟，因此 1992 年印度教徒的舉動立刻引起全印度伊斯蘭教徒與印度教徒的流血衝突，造成 1700 多人喪生，逾千人受傷。印度政府為了避免擴大衝突，決議關閉清真寺，禁止外人進入。[1]「阿瑜陀事件」是近年來印度教徒爆發最嚴重的宗教衝

---

[1]　因為印度教徒認為，1528 年蒙兀兒帝國統治時，是拆毀此地的「羅摩廟」才建立清真寺，所以自英國統治以後，印度教徒就開始主張要拆除清真寺，重建印度廟。1950 年便有團體就此提訟，如印度教組織 Nirmohi Akhara 於 1959 年針對「羅摩神廟－巴布里清真寺」所有權訴請法院判決，而全案於 1989 年移交北方省（Uttar Pradesh）阿拉哈巴德（Allahabad）高等法院審理。經過長年的訴訟，2010 年 9 月北方邦法院終於作出判決，決定將該地區分為隸屬中央、印度教和伊斯蘭教三個部分。參見：何宏儒，〈宗教建築將宣判 印度防衝突〉，《中央社》（2011/6/27 瀏覽），http://www.taiwannews. com.tw/etn/news_content.php?id=1387991&lang=eng_news&cate_img=262.

突事件之一，也埋下日後幾年印度教與伊斯蘭教間相互報復的禍源。而由宗教所引發的伊斯蘭教與印度教暴力流血衝突，也可說是印度國內社會長期動盪的縮影與寫照。

20 世紀末出現了許多宗教或種族間的衝突，911 事件的爆發以及後續一連串恐怖攻擊事件的出現，更使得這類衝突成為國際媒體關注的焦點。這些衝突爆發的原因與特徵不盡然相同，我們可以簡單將之其分為「族群衝突」（ethnic conflict）與「社群衝突」（communal conflict）兩類，兩者間主要的區別在於「凝聚基礎」不同。

「族群」（ethnic group）在一般用語上強調的是對特定人口、文化團體或土地領域的忠誠，族群成員通常被認為來自共同祖先，被視為血緣團體的擴張。而「社群」、「部落」（community）通常指的是宗教、文化而非血緣、語言為基礎組成的群體。依據 Andrew Heywood 的說法，「社群」是人在既定場所的集合體，包含鄉鎮、村落或國家，基於情誼、忠誠與責任約束，擁有強烈集體認同的社會團體。[2] 而目前南亞的宗教衝突主要是以不同宗教群體間的「社群衝突」（communal conflict）模式呈現。

值得注意的是，許多社會衝突不見得與國家非民主政體有關。大部分國家，其面臨的問題不是獨裁者或威權政府未經人民同意而出現的統治與暴行，反倒是在一個民主體制下，特定的政黨或領導人經過「民主選舉」程序，以民意基礎為據，持續在國內推行宗教歧視性或違反個人自由的政策，進行侵犯人權的統治。

20 世紀末，「民主國家」成為世界主流，重塑了世界政治意識形態版圖，「民主政體」被國際公認為是常態、合法的政體，也被

---

jpg&cate_rss=JD.

[2] Andrew Heywood 著，楊日青等譯，《政治學新論》（台北：韋伯文化事業，2002 年），頁 228、233。

視為增進國家經濟發展、保障人權、維繫個人自由與公民權益的最佳體制，舉凡國家所制定、執行的各項規範、法令、政策也都必須經由民主程序通過才能取得其正當性。[3]以此標準來觀察中東、南亞等國，會發現埃及、利比亞、印度、巴基斯坦等執政者，皆是透過民主選舉取得執政權進行憲政統治，但其國內的宗教衝突、族群問題情況卻未獲得緩解，反而更加複雜或惡化，經濟與社會自由化也未出現明顯改善。民主制度看似給予這些國家人民一片自由的光輝，但事實上並未帶給這些國家和諧與穩定。

這些「民主國家」內的宗教衝突加劇，主要一部分是由於國內特定的宗教「基要主義」（Fundamentalism）組織興起，*Fundamentalism* 亦譯為「基本教義主義」、「原教旨主義」，而本文統一採取「基要主義」用法。「宗教基要主義」組織整合各方與自身的宗教力量並與相同意識型態的團體合作，在國家內鼓吹宗教需與國家、社會結合，以及政教合一的必要性，強調國家內部宗教認同和民族認同的一致性，並以改革社會現象自居，反對西化所帶來的社會腐化與政經侵略。提倡傳統宗教文化、教義經典來維持社會秩序，推動宗教復興運動，更嚴重的將利用不同群體間的經濟、教育與社會階級差距，將問題歸咎於特定宗教族群，進而加深社群間的對立。[4]

這些論述成功的在新興民主國家和長期以宗教治國的區域中形成強大的政治勢力，並在選舉中獲得特定群體與民眾的支持，也使得這些政黨及其政治人物能以民主之名大行各種宗教、族群的歧視性政策，加劇國內族群間的分化和衝突。此種以宗教教義為主張而成立的「宗教民族主義政黨」（nationalist-religious party）、「宗教

---

[3]　Fareed Zakaria 著，孟玄譯，《自由的未來　美國國內和國際間的偏執民主》（台北：聯經出版社，2005 年），頁 1。

[4]　巨克毅，〈全球化下的宗教衝突與基要主義〉，《全球政治評論》，第 1 期（2002 年），頁 61。

型政黨」執政成功的案例越來越多，而印度第二大黨，「印度人民黨」（Bharatiya Janata Party，以下簡稱 BJP）就是其中一個的明確且重要的案例。[5]

　　1947 年在聖雄甘地（Mohandas Karamchand Gandhi）領導的「不合作運動」下，印度成功脫離英國殖民成為新興獨立的民主國家。印度憲法在前言的部分就揭示印度為一主權獨立、世俗、民主的共和國。[6]印度獨立六十年來幾乎都確實舉辦多黨競爭的定期選舉，[7]印度也以世界最大、人口最多（12 億人）之民主國家為傲。[8]立國之初，為解決其國內複雜且多元的宗教問題，第一任總理尼赫魯（Jawaharlal Nehru）領導的印度國大黨（Indian National Congress，以下簡稱 INC）不斷將「世俗主義」（Secularism）引導入國內，反對各種教派主義，希望建立一個政教分離、多元宗教平等並存、尊重個人宗教自由的世俗政府，更強調唯有「世俗國家」才得維護國家統一與民族團結。[9]

---

[5] 其他宗教型政黨如埃及的「穆斯林兄弟會」、「伊斯蘭聯盟」；黎巴嫩的「真主黨」；以色列「以色列聯合黨」又稱「利庫德集團」（Halikud）、「沙斯黨」（Shas）等；印尼「伊斯蘭教士聯合會」（Nahdatul Ulama）等。

[6] 印度憲法原文：We, The people of India, having solemnly resolved to constitute India a sovereign socialist secular democratic republic……
資料來源 http://indiacode.nic.in/coiweb/welcome.html.（2011/6/29 瀏覽）。

[7] 除了 1975 年英迪拉·甘地（Indira Candhi）因為被法院裁定在大選期間舞弊，必須退位，並在六年中禁止參選，而要求總統艾哈麥德宣布國家進入緊急狀態，使該次大選無限期延期。於此同時在未經國會詳細討論下推行增加賦稅法案、修法政策等，幾近獨裁的統治持續近 19 個月，雖手段與過程充滿爭議，但該段時間印度經濟有明顯起步、政府效率提高、社會穩定暴亂減少卻是不爭的事實。

[8] Census of India, 2011 Census Data(2012/6/27), http://www.censusindia.gov.in/2011-prov-results/data_files/india/Final_PPT_2011_chapter3.pdf, p.4.

[9] 朱明忠，〈尼赫魯的世俗主義觀及其社會影響〉，《南亞研究》，第 3 期（1996 年）。

　　可惜在國大黨主政近六十年來，印度世俗化的過程並不順利。原屬少數的「印度教民族主義」（Hindu nationalism），其共享的「印度教徒特性」[10]（Hindutva）認同隨著「世界印度教議會」（Vishwa Hindu Parisha，以下簡稱 VHP）、「國民志願服務者聯盟」（Rashtriya Swayamsevak Sangh，以下簡稱 RSS）等印度教組織的整合與宣傳，在印度國內逐漸凝聚與擴展。BJP 也就是在此一「印度教民族主義」復興背景下於 1980 年成立，此政黨的成立更彰顯印度教民族主義者在政治上的企圖與野心。此後，BJP 成功獲得了社會多數的支持與認可，除了在地方性選舉取得多數執政邦外，歷經短短 16 年便在 1996 年取代 INC 成為國會中的最大黨，上台執政。

　　在 BJP 穩定執政的五年期間，為貫徹「印度教民族主義」意識型態和「一個宗教，一個民族，一個國家」[11]（*One Nation, One People, and One Culture*）的宗教國族主義口號，透過公權力與行政資源的分配，大行各種違反世俗精神、追求印度教復興的政策與行動。[12] 而由 BJP 執政的邦也發生許多地方政府包庇、甚至激起印度教極端團體對其他宗教組織、信眾的迫害和暴力事件。

　　儘管 BJP 透過宣傳與偏頗的方式刺激宗教民族主義認同，使其快速擁有不可輕忽的民意基礎。然而，此種擴張方式在短期或地方

---

[10] 所謂「印度教徒特性」係指：要成為印度教徒必須具備兩個條件，以印度為祖國；並信奉源自印度的宗教，如：印度教、錫克教、佛教、耆那教等。參見：方天賜，〈東亞與南亞地區的種族與宗教衝突〉，收於張亞中主編《國際關係與現勢》（台北縣：晶典文化事業出版社，2004 年），頁 333。

[11] 在印度教民族主義者心中，「一個國家」及指「建立印度教國家」（Hindu Rashtra）；「一個民族」指的是印度教徒族群；「一種文化」變是所謂的「印度教徒特性」（Hindutva）。參見：前引註。

[12] 如透過改寫教科書，編纂印度教及印度古文明的意旨，誇大印度教成就而排斥其他知識文化的孤立主義，注重古代印度經典但卻扭曲詮釋其文義，重視鄉土並認為西方文化是侵襲與迫害印度文化發展的元兇。沈恩著，陳信宏譯，《好思辯的印度人》（臺北：先覺出版社，2008 年），頁 97-102。

性選舉可能成效顯著,但就長期而言,就容易顯露其發展的侷限性。以 BJP 來說,它在 1996 年首度執政,當它在籌組聯合內閣時就因宗教意識型態過於強硬,而無法取得其他政黨的認同,使該次組閣失敗。[13]且 2004 年 BJP 喪失執政權後,雖仍為印度第二大黨,但到目前為止都未再成為國會多數黨,在各邦的執政數量也大幅減少。

　　中文學界對 BJP 此種主張激進「宗教民族主義」政黨的研究甚少,相關的研究也較偏重現象陳述,這促使筆者想進一步探究為何在一個強調世俗主義的民主國家,BJP 的「宗教民族主義」主張仍可獲得多數選民支持?其背後的原因為何?印度社會是否將朝向此種宗教民族主義的方向發展,或因此引發更多宗教社群間的對立衝突?民主制度對此種政黨是否具有拘束與牽制力量,為社會帶來自由與穩定?以上印度社會、宗教與政治背景,是誘發作者探究此一問題的主要研究動機。

第二節　面對問題（研究問題與假設）

壹、研究目的

　　民主制度在不同國家運用上引發不同的困境與問題,需要不同的發展途徑與對策,而本文最主要的目的是想探究:一個正經歷民主化過程,或民主制度未完全成熟的國家,該國的社會環境與制度設置,對國家內「宗教型政黨」發展有何的關聯。

---

[13] 方天賜,〈印度教民族主義自一九九〇年代以來的發展及其意涵〉,《問題與研究》,第 41 期,第 4 卷(2002 年),頁 56。

貳、研究問題

本於此研究目的，筆者提出以下研究問題：

(一) 哪些社會條件與制度設計，容易建立並強化「宗教民族主義」之認同，促成「宗教型政黨」之發展？

(二) 從制度面來看，民主制度對「宗教型政黨」發展的正面、負面影響為何？

(三) 國家內部出現「宗教型政黨」，對於該國多元民主發展會產生何種助力與阻力？

參、研究假設

依上述問題本研究提出下列假設：

(一)「宗教民族主義」意識型態的訴求，在社會內部尋得越多的共同、共享特徵，如共同宗教、歷史、種姓階級等，越能加強社會對「宗教民族主義」的認同，進而促成「宗教型政黨」之產生。

(二)「宗教型政黨」中若具有指標性領導階層，且與周邊具共同意識型態組織合作密切、黨內較少公開的派系衝突，越能凝聚團體與群眾對該政黨的支持。

(三) 採行「議會民主制」的國家，具備使「宗教型政黨」快速發展的空間。

(四)「宗教型政黨」的出現，對民主化中的社會帶來的負面影響多於正面，如宗教歧視性政策加劇、宗教社群衝突被激化破壞社會穩定，進而影響國家整體經濟發展。

(五) 因議會民主之治度設計，若宗教型政黨無法成為國會中穩定多數，「聯合內閣」將成為國家政治常態，也就會使宗教型政黨難以維持穩定與獨立執政優勢。

第三節　探索的角度（研究途徑與方法）

壹、研究途徑

　　本文所探討的「宗教型政黨」之「發展」與「侷限」。在「發展」的部份，首先要觀察的是一個宗教型政黨如何取得社會大眾的青睞，並認同其所代表的意識型態與政黨核心主張，宗教民族主義者及政黨成員如何形塑一個有利該黨發展的社會環境，快速增強其影響力，穩固並拓展其政黨支持度，故政黨「認同」的建構，成為研究宗教型政黨發展的首要面向。另一方面，政黨是依附在國家政治體系中發展，必須透過選舉的方式取得權力，因此國家政體與選舉制度的設計，也成為影響一個政黨發展快與慢的關鍵，故透過「制度」研究，可分析民主制度的設置與宗教型政黨的發展關連。

　　在宗教型政黨的「侷限」上，主要以「制度」限制為首。政黨為求維繫其執政優勢與內閣穩定，以及面對籌組「聯合內閣」的現實，勢必要調整政黨的政策走向與意識型態，但此一調整經常又會造成該黨支持群眾的反彈，因此在「制度」面向中，除了是促成宗教型政黨的發展外，亦造成該類政黨發展上的侷限與兩難。是故本文嘗試運用「認同」與「制度」兩大方向，觀察出一個宗教型政黨發展的脈絡，並以此基礎接續探究其對社會所帶來的正、負面影響。

　　依此，本研究在「認同」的部分參考的理論途徑是依據 Ted R. Gurr 與 Barbara Harff 所著之《國際政治中的族群衝突》（*Ethnic Conflict in World Politics*）一書的「解釋政治團體暴力架構」著手。Gurr 在其著作中透過比較不同族群與國家發生族群團體與國家公開性衝突的案例，[14]觀察其背後國內與國際條件因素，推演出此一「解釋政治團體暴力架構」。（參照圖 1.1）

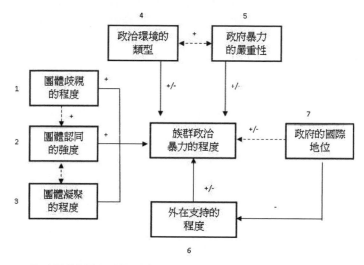

圖 1.1　解釋政治團體暴力架構

資料來源：Ted R.Gurr、Barbara Harff 合著，鄭又平、王賀白、藍於琛合譯，《國際政治中的族群衝突》（台北：韋伯出版，1999），頁 118。筆者自繪。

---

[14] Gurr 所觀察的包含：中東地區庫德族、中美洲米斯托基印地安人、馬來西亞華人、德國境內土耳其人在該區域中產生的族群衝突。

　　此架構中對影響族群政治暴力衝突的原因提出七個國內、外變項。國家內部包含兩個部分:「團體凝聚與動員」以及「國家政治環境」,其中「團體凝聚與動員」又分為「團體歧視的程度」、「團體認同的強度」與「團體凝聚的程度」三個變項;「國家政治環境」則涵蓋兩個變項,首先是,統治國家的「政體形式」:即越能容許不同時間廣泛政治參與的民主政體,政治族群的反抗越不激烈;其二是,政府使用暴力越多,族群團體越不會與國家發生公開衝突,反而轉向恐怖主義或游擊戰等秘密行動。國際因素方面,指的是族群團體受「外在團體」或國際上的支持是積極或消極,以及該國家與團體的國際地位,若該國的國際地位,因掌控重要經濟物資或資源豐富,而受國際支持,則國內的族群團體就不易得到外在支援,國際上傾向支持本國政府,而非族群團體。[15]

　　本研究將擷取此架構中關於國家內部「團體凝聚與動員」的「**團體認同的強度**」與「**團體凝聚的程度**」兩變項,分析宗教型政黨如何動員社群與凝聚社群認同,使其有強大的支持者,構成支撐其政黨的核心力量。至於「團體歧視的程度」未列入研究的原因在於,Gurr 在該書中所強調的「團體歧視的程度」系指:「該團體經歷的歧視越大,其組織動員對抗歧視來源的可能性越大」[16]。但在本研究的案例分析中,「印度教民族主義者」或「印度教徒」長期而言仍是印度的優勢族群,不論是在社經地位或宗教地位上,長久以來都相對優於穆斯林、佛教等宗教社群,因此並不符合 Gurr 所言「經歷嚴重歧視」的假設條件,故經修正後,僅擷取該二項作為分析架構的一部分。

---

[15] 同前註,頁 114-117。
[16] 前揭書,頁 115。

　　但值得觀察的是，儘管印度教徒長期以來處於優勢地位，但他們在動員群眾、凝聚認同時，慣於將過去的歷史或是政府的宗教政策操縱成打壓印度教徒的工具與對印度教徒的歧視，故本研究將會把此部份放入塑造「認同的強度」的部份，一併討論。

　　「制度」方面，依據 80 年代美國政治學者 Arend Lijphart 提出的「共識型民主」（consociational democracy）模型進行延伸探討。Lijphart 經過量化的統計與分析，作出共識型民主的結論認為，一個多元分歧的社會，欲走向穩定的民主運作，應效仿瑞典、比利時等歐洲國家的「共識型民主」模型。而其特點包含：聯邦且分權的政府、比例代表制、多黨制、統合化的利益團體系統、廣泛聯合內閣政府，以及行政部門與立法部門之間存有大略的權力平衡關係等。[17]

　　在此模式下，政府可以充分代表各族群、文化的權益，協調並包容不同政策意見，使民主制度順利運作。在"The Puzzle of Indian Democracy: A Consociational Interpretation." 一文中，Lijphart 將此「共識型民主」模式套用解釋印度所呈現的民主制度中，其所觀察之結果認為，共識型民主可以解釋 1960 年代以前 INC 穩定統治的情況，但 1970 年代開始，英迪拉・甘地（Indira Gandhi）實行緊急命令與 BJP 的崛起，一定程度破壞了「共識型民主」所蘊含的權力平衡、包容與和諧性。[18]但在該文章中，並未處理共識型民主模式為何會促成 BJP 此種極端宗教意識型態政黨得以發展並產生政治影響力的原因。是故，本研究想透過「共識型民主」點出的制度設

---

[17] Arend Lijphart 著，高德源譯，《民主類型：三十六個現代民主國家的政府類型與表現》（台北：桂冠出版社，2001 年），中文版前言 ii、xxx、頁 2。

[18] Lijphart Arend, "The Puzzle of Indian Democracy: A Consociational Interpretation." *American Political Science Review*(1996), Vol.90, No.2, p.263.

計因素，從議會民主制度與選舉制度設計，觀察「制度」對宗教型政黨發展的助力與阻力。

綜上所言，本文將擷取並調整 Gurr「解釋族群暴力架構」與「民主制度」設計的兩個途徑，探究促成「印度教民族主義」、「宗教型政黨」發展的「認同」與「制度」面向。觀察 BJP 發展背後的原因？及其崛起對印度社會穩定、國內外政策的影響；若產生的是負面影響，造成社會更多的宗教暴力衝突和對立加深，BJP 在印度政治上的權力、地位受何衝擊？BJP 又如何應對？

根據採用的途徑與理論，本文整理出此一研究架構圖，由「制度」與「認同」出發，一步步分析所導出的五個假設。

貳、研究架構（圖）

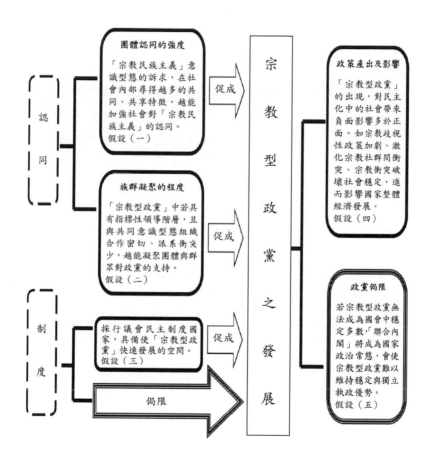

図 1.2　研究架構（圖）

資料來源：筆者自繪。

　　依本研究架構，如何檢證「認同」對促成「宗教型政黨」有實際作用？依據 Gurr 提出對「團體認同強度」的主張，認為「共同特徵」如宗教、種族、文化、共同歷史等越多，則認同強度越大。其指標包含：共同使用語言的程度、共同宗教信仰的比例、明顯的種族特徵，以及至少一百年的共同歷史、共通文化。[19]依上述指標分析「假設（一）」，透過蒐集、解讀各時期，印度教民族主義者在主張、宣傳其訴求時，所提出的共同價值、信念、歷史經歷等，觀察是否有助提升其整體「認同強度」，如吸收更多組織成員，並擴大其認同影響範圍、號召力提升等。

　　在「凝聚程度」的部分，Gurr 指出，團體間派系越多，則凝聚力降低；「獨斷的領導者」比「民主領導者」更能動員人民；族群內的凝聚力，隨著溝通與互動增加而增加，相反的，黨派以及自以為是的領導者越多，則凝聚力越低，分析領導人具備的凝聚力指標包含：領導者過往角色被接受的程度、團體內既定社會階級的接受程度、族群內黨派的多寡、團體內被認定的領導者多寡、團體公開衝突的程度、團體使用報紙與電台的數量。[20]同樣，依此指標分析本文「假設（二）」，觀察 BJP 與印度教民族主義分子及相關組織間的互動態樣，包含政黨領導人與組織領袖在議題上的發言、合作及動員，政黨與組織領袖的政治魅力；他們所建構的特有「政黨──社會」關係，是否就是 BJP 快速取得社會多數認同的主要根基。

　　「假設（三）」制度的分析，以印度選舉制度的設置和內閣籌組的規範窺探印度所採用的「內閣制」提供 BJP 何種發展空間，並透過觀察歷屆地方與中央的選舉結果，分析 BJP 在地方議會執政或議席的增減，對比至中央選舉獲得席次的成果，有無正相關連。另

---

[19] 同前註，頁 120、121。
[20] 同前註，頁 121。

外，觀察在地方政府上，BJP 執政的方式是否仍以「聯合內閣」的形式為主，因為「聯合內閣」的執政，單一政黨無需擁有過半席次，就有機會參與內閣之組成，因而可證實「制度」對其政黨的發展，有正面的促成效果。同時，面對「聯合內閣」成為印度政治常態後，BJP 如何協調、包容異己與其他政黨組成內閣，或其政治同盟中是否真的能接納與其意識型態截然不同的政黨，特別是 INC 或穆斯林、低種姓等政黨，以符合「共識型民主」所謂具備包容、協商特性的「大聯合政府」（grand coalition）。

此部分將在本書的第三章中進行探討，撰寫上透過時間區塊分割，以 1980 年 BJP 成立前印度教民族主義的興起做為背景，探討 BJP 前身「人民同盟」的發展策略，再觀察 1980 年後 BJP 從耕耘地方選舉開始，透過何種選戰技巧和不同議題的張力吸引選票；最後，看 1996 年後的三次選舉，BJP 在地方經營的心得與成果是否複製到中央選舉上，其成功的原因為何。

「假設（四）」宗教型政黨對社會產生正、負面影響，將透過數據、新聞、評論等資訊，觀察 BJP 執政時期主要經貿數據的表現，與其制定的教育、宗教及社會政策，是否造成該時期宗教衝突次數、傷亡人數增加，以及 BJP 在重大宗教衝突中扮演的角色、公開回應的態度等變化，作為觀察指標。

針對「假設（五）」制度對政黨侷限的部分，將透過近年選舉結果、組閣的過程、政策文宣、領袖言行態度，以及 BJP 與印度教民族主義組織的關係變化等面向，觀察激進的宗教意識型態是否轉為溫和？其執政影響力是擴張還是降低？受制於聯合內閣協商性的需求，BJP 賴以維生的印度教民族主義團體，有何回應？BJP 面對此兩難局面，是與之切割，還是仍須顧及選票及群眾壓力，訴求宗教民族主義意識型態？

參、研究方法

本研究主要探討宗教型政黨的發展與侷限，研究方法上採用「個案分析法」（case studies）、「文獻分析法」（documentary analysis）及「調查研究法」（survey research）。

一、個案分析法

「個案分析法」主要是針對單一國際事件或單一國家特定時期的行為進行研究。閻學通認為個案分析法之好處有二：1、對國際事件的獨特性能夠為充分理解，因為單一個案的研究，研究者可以在廣度與深度上對研究對象做更全面性的理解；2、在研究時間與經費上，個案研究的成本較低，研究者也能充分利用資源在研究上。[21]Arie M. Kachwicz 認為個案研究的優點有三：1、使質性變項具可操作性，可將概念高度具體化；2、對於新的變相或假設作檢驗，同時也對已存在的變相或假設作出修改；3、對個案的因果關係作出檢驗；4、透過深入檢驗，對個案作有系統、詳細地解釋；5、透過類型學理論（typological theories）與通則化分析因果關係。[22]

因此，本研究透過個案分析法，單獨針對印度人民黨的發展及其如何結合印度特有的社會、政治環境進行深入的分析，探究其崛起的原因與發展上的侷限。

---

[21] 閻學通、孫學峰合著，《國際關係研究實用方法》（北京：人民出版社，2001年），頁 131-132。
[22] 白兆偉，《美國小布希政府出兵伊拉克之決策研究—從層次分析探討》（台中：中興大學，2007 年），頁 26。

二、文獻分析法

　　文獻分析法主要透過大量搜集官方文件、次集資料、學術期刊論文、專書著作，與新聞報紙等文獻，經過研究者之整理、分類，進而加以分析。並且，文獻分析法可以克服無法直接進行質性之困難，使研究者透過對文獻的考究，對該研究之歷史背景找出一脈因果關係，以利後續研究。[23]

　　本文運用文獻分析法，比較歷屆地方、中央選舉各政黨得票結果，觀察印度人民黨在 80 年代開始的發展態勢，以及與其他政黨間競合關係。在書籍、報章雜誌的部分，為研究主要的資料來源，觀察媒體如何分析歷屆選舉各方的成、敗因素，以及它們對印度人民黨和相關印度教民族主義組織在印度社會從過去到現在造成的影響與發展趨勢分析。

三、調查研究法──焦點訪談

　　調查研究法可分為郵寄問卷、面訪與電話訪談，本研究主要採用面訪中的「焦點訪談」（focused interview）型態。面訪是一種面對面、人際溝通的角色情境，在此種情況下，訪談者透過設計的問卷來詢問受訪者，以得到符合研究假設的答案。面訪的優點包涵：1、詢答過程富彈性，面訪依所檢視的研究問題而定，可以高度結構化或是非結構化；2、對面訪情境的控制，訪談者決定誰回答問題，在何處進行，以及問題回答的順序；3、高回收率；4、更完整的資訊，訪談者能從受訪者蒐集到補充資料，包含背景資訊及自發

---

[23] 袁方，《社會研究方法》（台北：五南書局，2002 年），頁 135。

性反應。而「焦點訪談」又是最具彈性的面訪形式，研究者不採用
一個時程，來詢問一組事先指定的問題，受訪者被鼓勵敘述他們自
身經驗、描述他們認為重要的事件、他們對自身處境的定義，並透
露他們認為合適的意見與態度；而訪談者也有極大的自由探問各種
領域，以及在訪談中提出特定的問題。[24]

　　本研究中實際採訪印度人民黨黨部、印度人民黨上議院議員、
RSS 發言人及諸位印度學者，包含印度 Observer Research Foundation
智庫資深研究員、政大國關中心美洲暨歐洲研究所印度研究員以及
紐西蘭奧克蘭大學政治學系（Department of Political Studies
Auckland University）講師等，訪談以面訪或網路視訊方式進行。
透過實際訪問組織成員及印度學者，從中獲得與文獻資料相對應的
論述和看法；一手資料與二手資料觀點同時並呈，不但佐證許多說
法與文獻資料，並相互對照出組織自我論述與外界觀點的現實狀況
和表面狀況差異。（受訪對象請參照附錄）

　　本研究利用上述三個研究方法，藉由蒐集「印度人民黨」自發
展、執政到在野的相關文獻，包含期刊論文、新聞、專書與官方文
件、政策宣言、資料數據等，進行分析。在面訪的部分，筆者於
2012 年 2 月期間前往印度，進行為期 14 天的實際的訪查，拜訪觀
察印度政黨活動，並透過與當地民眾、同儕、學者的交流討論，聽
取他們對該國民主制度運作之感想、態度與期望，走訪印度具代表
性的民間智庫，回國後也與多位中、印學者請益，取得更深入且多
元的一手資料，用以彌補文獻分析上的不足與缺漏，且作為對本研
究論述上的佐證。

---

[24] C. Frankfort-Nachmias, David Nachmias 著，潘明宏、陳志偉譯，《最新社會
　　科學研究法》（台北：韋伯出版，2003 年），頁 284-289。

肆、研究範圍、預期成果

　　本研究主要關注「印度」此一世界最大民主國家，面對國內竄起「宗教型政黨」其民主體制對該政黨的促成與限制為何。時間範圍上，除探討印度宗教衝突的歷史淵源外，主要仍以 1980 年到 2004 年自 BJP 成立到短期內獲得社會支持的原因及過程，以及其執政後的政策發展走向為主。最後，試圖勾勒 2004 年後 BJP 從執政到在野的原因，並剖析 BJP 當前的發展困境與未來目標。

　　印度具備廉價的勞力、優秀的軟體研發及廣大的人口市場，使台灣企業躍躍欲試，政府也希望能透過與印度友好的關係，減低台灣對中國經貿上的依賴，此外印度與台灣共享的民主價值，更是雙方重要的認同與互動優勢。台、印雙方理應成為重要的投資貿易夥伴，但目前雙方關係發展的緩步，很大一部分源自雙方對各自國情的不了解，和對該國社會文化、宗教傳統習性的陌生。[25]台灣過去與印度的交往，除了民間交流頻繁外，與 BJP 的重要官員、政黨代表更常有密切的往來，議題上除經貿、教育的交流討論外，更主要的仍是希望透過該黨力量，加強台灣與印度官方和政治上的合作與互信。[26]

---

[25] 台灣印度協會，〈台印關係簡介〉，http://www.ticc.org.tw/introduction.php（2011/7/5 瀏覽）。

[26] 包括 1999 年印度人民黨秘書長兼國會議員莫迪（Narendra Modi）首次訪台，為台印政黨高層首次互訪；2009 年總統府接見 BJP 上議院國會議員訪問團，與 BJP 資深國會議員會晤。資料來源：總統府 2009/3/31 新聞稿，〈總統接見印度人民黨（BJP）上議院國會議員訪問團〉。http://www.president.gov.tw/Default.aspx?tabid=131&itemid=14870（2011/7/5 瀏覽）。郭傳信〈印古茶拉底省盼與台灣建立投資多元化關係〉，《中央社》（轉引自雅虎理財），http://tw.money.yahoo.com/news_article/adbf/d_a_090113_1_1bb6f（2011/7/5 瀏覽）。

有鑒於印度與 BJP 在我國外交、經貿關係上的位置重要，又是台灣未來重點的合作目標，因此本研究希望能對印度整體的政治環境，與對 BJP 的政黨全貌進行分析，更重要的是為即將屆至、國際矚目的 2014 年印度全國大選做準備，有利台灣對「當前」印度第二大黨具更深的認識與了解，增加未來彼此合作的機會與方式。

第四節　探索的步伐（文獻回顧與章節安排）

壹、文獻回顧

近年國內、外學者對於國際間宗教衝突的研究，主要以回應杭亭頓（Samuel Huntington）提出的「文明衝突論」與恐怖主義（Terrorism）為探討議題，對於探究文明衝突背後隱含的政治制度因素較少碰觸。在「宗教基要主義」（Fundamentalism）引發的宗教社群衝突及其嚴重性上，也偏重對「伊斯蘭教」的研究，相對於「印度教」基要主義的發展與影響則較少被提及，至於民主制度對宗教型政黨的影響，則僅有部分書籍、文章進行討論。此外，對印度政治的研究，也主要關注中印關係、印度外交政策或印巴問題上，對於印度國內政黨政治的研究較未受到重視，或多為歷史性的敘述，以下就過去重要的相關文獻概述並整理。

一、關於宗教型政黨之研究

　　巨克毅在〈全球化下的宗教衝突與基要主義〉一文中指出，當今國際衝突多來自文明（宗教）的衝突，尤其是各宗教基要主義教派與組織的主張與觀點所引起，這些基要主義的特點包含：1、強烈宗教熱情；2、對時代精神（Zeitgeist）的一種挑戰與反抗；3、向宗教權威傳統來源之回歸。在該文章中簡述了基督教、伊斯蘭教、猶太教，以及印度教基要主義與派系發展現況，介紹當前有「宗教型政黨」發展的國家，如以色列猶太教政治聯盟「利庫德黨」（Likud）、沙斯黨（Shas）；蘇丹的「蘇丹穆斯林兄弟」（al—Ikhwan al-Muslimun al-Sudaniyyun）、黎巴嫩「真主黨」（Hezbollah）與巴基斯坦、 阿富汗、伊朗等伊斯蘭國家內的政治或非政治伊斯蘭宗教團體；印度內屬印度教的「國民志願服務者聯盟」（RSS）、「世界印度教議會」（VHP）、印度人民黨（BJP），而美國以「新基督右派」（New Christian Right，簡稱 NCR）為代表。文章從「文明衝突」的理論介紹到「宗教基要主義」的個案分析，給予研究宗教型政黨詳細的研究基礎。[27]

　　大陸學者張戰、李海君在 2009 年合著的《國際政治關係中的宗教問題研究》一書，對三大世界宗教（基督教、伊斯蘭教、佛教）間的復興、分裂、衝突作詳盡的考察與敘述，主張以馬克思主義、哥本哈根學派和比較研究法，將當今的宗教國際衝突，用歷史脈絡分析並探討宗教問題發生的背景、原因和與國際社會、經濟的關連。[28]

---

[27] 巨克毅，〈全球化下的宗教衝突與基要主義〉，《全球政治評論》，第 1 期（2002 年），頁 59-86。
[28] 張戰、李海君著，《國際政治關係中的宗教問題研究》，（北京：中國社會科學出版社，2009 年）。

　　代金平、殷乾亮於〈宗教政治組織合法化、政黨現象分析〉一文中認為，近 20-30 年，宗教基要主義在政治範疇中角色越趨重要，過去一般宗教團體組織能成功發展為政黨，主要有三點，透過揭露與批評傳統政黨在政治、經濟改革時的失誤，造成社會分化以及長期執政後執政黨本身的腐敗、官僚主義等弊端來獲得民眾支持；第二，宗教型政黨為維護宗教勢力在社會中的地位與影響力，強調時代與本國的社會發展必須與宗教傳統配合，改變思維、調整對世俗主義的態度及政策，最後，對於西方國家宣揚政治多元化、向第三世界輸出民主，讓政黨得以透過選舉方式執政，以上三點均是使宗教組織透過選舉走向合法化與政黨化的重要因素之一。

　　該文章亦指出，宗教型政黨在執政後若打破國家過去世俗主義路線，走向保守、封閉的宗教民族主義，反而加劇該地區間與國家內的宗教對立與衝突，不幸的是，這樣的狀況卻實然成為當今國際社會不穩定的主要原因之一。再者，宗教型政黨或宗教組織的擴張，一部分原因來自民眾選擇支持其政黨，另一部分原因，則來自國際和傳統政黨對它們的打壓，正因對宗教基要主義、保守派的批評與譴責，反而使他們獲得更多的社會同情與認同。不過文章中還指出，這些宗教組織要走向政黨化，只倚靠宗教定位的政黨主軸是不夠的，還要有更多政策上的配合，才能有長期發展的可能性，文章中即舉 BJP 於 2009 年大選的失敗做為例子。[29]

---

[29] 代金平、殷乾亮，〈宗教政治組織合法化、政黨化現象分析〉，《當代世界》（2009 年），頁 48-50。

二、對印度人民黨之研究

探討 BJP 發展的文章，常與「印度教民族主義」發展脈絡結合。台灣學者研究「印度人民黨」的文章以方天賜〈印度教民族主義自一九九〇年代以來的發展及其意涵〉一文為代表，完整的介紹 BJP 利用「印度教徒特性」（Hindutva）、「印度教民族主義」主張，在 1990 年初開始主導印度政治與社會發展。以及 BJP 在 1984 年首次參選，並於 1996 年執政，快速成功的內外環境因素。分析 BJP 在「阿瑜陀建廟運動」事件中扮演的角色，彰顯該政黨在宗教意識型態上的激進行動；結論上，指出印度當前的政治生態對 BJP 的執政產生很大的侷限，聯合政府成為印度政治的常態，BJP 必須淡化其「印度教徒特性」的主張與衝突形象，才有辦法維持與其他政黨的結盟。此一現象也顯示，在印度這樣的多元社會中，宗教認同與國家認同無法完全劃上等號，BJP 或其他印度教民族主義分子的「一個宗教、一個民族、一個國家」主張，只會將印度社會推向內戰與分裂的邊緣。[30]

張世強 2003 年撰寫《從印度人民黨的崛起論晚近印度政教關係》論文，認為印度人民黨的崛起、印度宗教社群議題所延伸出的問題應當都有深刻的歷史發展淵源，並與宗教復興運動密切相關。因此，在該論文中，從歷史脈絡觀察「印度宗教社群意識」在印度歷史中扮演的角色，如何與印度教傳統相互影響，從此一角度切入，窺看 BJP 崛起的意涵及其影響的全貌。論文相當詳細且完整探討宗教因素與印度教特有的宗教社群組織發展和價值觀，討論印度人民黨崛起的關鍵及其主張政策訴求，並對於其得以執政與執政後，面對印度教民族主義意識型態的制約提出其論點，在結論部分

---

[30]　方天賜，前引文，頁 47-63。

更認為印度是一個值得我們去反思民主制度作為普世價值非常好的例子。[31]

　中國學者撰文分析「印度教民族主義」、「BJP」的文章相對豐富，包括邱永輝、尚勸餘、傅菊輝、汪長明、朱忠明、劉學成等學者，他們將 BJP 與「印度教民族主義」發展的關聯，以及 BJP 得成功取代 INC 執政的原因做比對，並探討其 2004 年敗選的原因。[32]首先將「印度教民族主義」之發展分為不同階段，不同階段代表了不同時期「印度教民族主義」的目標與主張。[33]但總體而言，印度教民族主義的興起與發展，主要彰顯反對英國殖民，要求民族獨立，並建立民族國家的訴求，以及印度教徒對伊斯蘭教徒勢力興起的危機感。BJP 的崛起主要與「印度教民族主義」的復興有關，但除此之外，上述學者的文章中，也點出其他的因素，包括：INC 黨內派系分裂、經濟改革政策為施惠於國內資本家，社會底層民眾生活未改善、INC 身陷貪腐風波、競選策略失敗等。[34]

　BJP 在領導決策上的思維，主張不跟隨 INC 向西方經濟、哲學和政治模式靠攏，而是致力於透過文化傳統建設印度，保持自身特性，同時調整以適應現代化。BJP 認為 INC 只注重增加財富與生產，並不關注合理的分配，1980 年 BJP 成立之初採「甘地式社會主義」（Gandhian Socialism），不迷戀西方、不脫離印度教，1985

---

[31] 張世強，《從印度人民黨的崛起論晚近印度政教關係》（台北：政治大學，2003 年）。

[32] 相關文獻：鄭瑞祥，《印度大選及新政府政策走向》，《國際問題研究》（2009年），頁 39-42；陳才明，〈從印度人民黨下台看執政黨的基礎建設〉，《環球視野》（2005 年），頁 42-43。

[33] 陳金英，〈價值與工具：印度人民黨意識型態訴求的政治學分析〉，《武漢大學學報》（哲學社會科學報），第 61 卷第 5 期（2008 年），頁 688-689。

[34] 劉學成，〈印度未來政治發展的趨勢〉，《南亞研究季刊》，第 3 期（1996 年），頁 41-42。

年後，放棄該模式，宣布建立強大且繁榮的國家，追求現代化與進步的世界觀，但仍強調要從印度古老文化和價值觀中吸取支持。[35]

至於外國文獻，Nitish Dutt、Eddie J Girdner 比較「土耳其福利黨」或稱「繁榮黨」（Refah Party，以下簡稱 RP）與 BJP 的發展途徑。兩個政黨都屬「宗教民族主義」（nationalist-religious）政黨，但兩者的發展模式與背景不同：RP 在土耳其是被排除（exclude）與隔絕（isolate）的；而 BJP 則被允許和接受（adopt）在印度擴展。兩個政黨不同的發展途徑卻都同時在 1995-96 年的選舉中成為執政黨。為爭取選民的支持，兩個政黨都必須在其政策與意識型態上作調整，[36]加上兩國當時都面臨人民對國家財政不滿、對政府信任度不足與貪腐醜聞上，更使得兩黨得在天時、地利、人和的狀況下取得選舉勝利。文章中更指出 BJP 的勝選與瓦傑帕伊（Atal Bihari Vajpayee）的領導魅力有關，因為 BJP 的支持者大多並不把自己歸為宗教狂熱者，也非全因為對 BJP 意識型態而支持。作者也認為，民眾對溫和宗教型政黨支持度提升，可能用民族主義的因素解釋會比用宗教的觀點解釋更貼切。[37]

Andrew Wyatt 探討 1999-2000 年印度選舉各黨的選戰策略，BJP 勝選的主要關鍵在於獲得多數地方小黨的支持，籌組得在議會

---

[35] 邱永輝，〈淺析印度人民黨的觀念變化〉，《南亞研究季刊》（1999 年），第 3 期，頁 29-35。相關文獻：劉善國、王麗莎〈印度新政府的施政綱領及其面臨的問題〉，《南亞研究季刊》（1998 年），第 2 期，頁 33-37；程帥，〈印度人民黨的政策及其影響〉，《南亞研究季刊》（增刊），頁 31-34；范名興，〈印度人民黨——第 11 屆大選的一支勁旅〉，《南亞研究季刊》，第 2 期（1996 年），頁 6-10。

[36] 如 RP 必須調整其極端的政治立場，如堅持脫離歐洲關稅同盟（European Customs Union）而與巴基斯坦等中東國家創建伊斯蘭關稅同盟。

[37] Nitish Dutt and Eddie J. Girdner, "Challenging the rise of nationalist-religious parties in India and Turkey," *Contemporary South Asia*, Vol.9, No.1(2000), pp.7-24.

擁有過半多數的執政聯盟。地區型的小黨在印度政治中扮演的關鍵勢力，在此次選舉中更被彰顯，與 BJP 結盟的小黨共獲得 303 席中的 106，讓 BJP 確定獲得過半多數的席次，這些小黨也因與 BJP 提升其影響力與在政治上的地位。同時因為地區型政黨的重要性增加，BJP、INC 兩個全國性政黨在中央選戰中也開始重視區域議題，將地區性議題納入中央層級的選舉政策支票。此外，這些小黨聯盟成為牽制 BJP 走向極端的力量。在文章中認為 BJP 從 1996-1998 年的失敗中獲取教訓，成功的在 1999 組成多數的聯合政府，但仍要注意其聯盟的脆弱性。[38]

　　Andrew Lijphart 於 1999 年出版《民主類型：三十六個現代民主國家的政府類型與表現》一書剖析民主類型；認為「多數決民主」（majoriatrian democracy）是民主政治的最初始概念，此模型認為「多數者應施以統治，而少數者應進行反對」。將少數者被排除在統治、決策參與的管道外，此種「統治－反對」的思維已受到「共識型民主」（consociational democracy）或稱「協和式民主」支持者的挑戰。其並主張「『共識型民主』的表現是優於『多數決民主』」，「共識型」與「多數決」間差別在於，「多數決」模型是排他的、競爭的，且互相對抗；而「共識決」模型是包容的、協商的，且相互妥協，因此，更適合領土廣大涵蓋宗教、文化、種族多元分歧的新興民主國家作為制度的選擇。Lijphart 歸結出「共識型民主」的特點，包含聯邦且分權的政府、比例代表制、多黨制、統合化的利

---

[38] Andrew Wytaa, "Elections in India 1999-2000 The BJP Make Slow Progress," *The Round Table*(2001), Vol.90, No.360. p379-390.

　　相關文獻：E. Sridharan, "Coalition Strategies and the BJP's Expansion, 1989-2004," *Commonwealth & Comparative Politics*(2005), Vol.43, No.2, pp.194-221.

　　Zoya Hasan,"Gender, Religion and Democratic Politics in India", *Third World Quarterly*(2010), Vol.31, No.6, pp.939- 954.

益團體系統、廣泛聯合內閣政府，以及行政部門與立法部門之間存有大略的權力平衡關係等。[39]

　　Lijphart 1996 年的〈The Puzzle of Indian Democracy: A Consociational Interpretation〉一文中，認為印度大致符合四個「共識型民主」的特徵，包含大聯合政府（grand coalition）、文化自治權（cultural autonomy）、比例原則（proportionality）與少數否決權（minority veto），雖然後三項並未明文成為憲法或法律所保障，在解釋上也有其獨特性，但此種「權力共享」（sharing of power）的民主模式，在 1947 年印度獨立到 1960 年尼赫魯主政時期的近 20 年，運作的最成功與順利，被稱為「國大黨體系」（Congress system）。[40]而其所提出的九項「共識型民主」、「權力共享」，得在分歧社會（divided societies）持續穩定運作的背景假設，包含：

(一) 維繫多元社會內「權力共享」的型態。此最大的阻礙來自，一大黨堅持要單一多數（pure majority）的「共識主義」（consociationalism）；Lijphart 認為，過去印度族（Hindu）主導的多數群體，已經分裂，現在印度是由多數的少數群體所組成。

(二) 社會內部涵蓋不同層級、語言、宗教文化的多元群體；

(三) 社會內越多團體（gropes）出現，協商更困難、複雜；

(四) 若各團體規模大小相似，則會產生互相制衡（balance）的力量；

(五) 總人口越少的國家，其決策過程相對容易；

---

[39] Arend Lijphart 著，高德源譯，《民主類型：三十六個現代民主國家的政府類型與表現》（台北：桂冠出版社，2001 年），中文版前言 ii、xxx、頁 2。

[40] 國大黨在印度獨立初的 20 年，長期為國會的多數黨，國大黨雖獨立執政但展現與周遭小黨和不同利益團體間的合作，並維繫良好關係，透過黨內對民主與共識決的認同，成為涵蓋不同社會勢力的代表機構，呈現一種包容、合作、具協商空間的內閣特性。

(六) 外部威脅、危害，反而會加強內部的統一（unity）凝聚

(七) 社會內部若有「共同效忠感」、「橫跨性忠誠」（overarching loyalties）會減低其他社會認同效忠的加強。

(八) 若各區域以地理（geographically）劃分，則聯邦主義能確保其自治權利；

(九) 具有協商（compromise）與包容（accommodation）傳統，會助長「共識主義」的發展。

以上九項，在 Lijphart 認為，印度幾乎都已具備，或是以不同的方式達到，像是多元社會、政黨林立、協商與包容的傳統，而在人口的部分，文章以 Weiner 的主張解釋：印度人口雖多，但因採行聯邦體系（federal system），具備權力共享與明確的權力分配特性，而且印度所發生的暴力事件與衝突，仍限縮在地方層次，尚不會影響至中央層級，因此人口過多不會造成印度政府決策的困難。Lijphart 認為印度所達之程度，就如同荷蘭、瑞士這兩個「共識型民主」國家的代表典範，故將印度視為「共識型民主」的模式。文章並指出 1960 年代後，英迪拉・甘地（Indira Gandhi）的爭議與 BJP 的出現，確實使印度偏離「共識型民主」，但整體而言，仍不會使印度民主走向瓦解。[41]

吳得源，〈從單極、多極到兩極式代表機制？——印度政黨體系之演進特徵與民主實踐〉一文，分析整理印度民主運作六十年來政黨體系之變化，文中提出過去各界對印度民主制度發展之疑慮是源自印度國內多元分歧的族群、語言、宗教文化，在此一「多元社會」下印度被視為新興民主的「異數」（anomaly）。然 60 年來印度民主制度確實有其獨特之處，如印度政黨體系的發展軌跡與歐美國家是

---

[41] Lijphart Arend, ibid, pp.259-263.
其中所引 Weiner, Myron 之說法引自，1989 年《The Indian Paradox: Essays in Indian Politics》一書，pp.35-36。

相反的；歐美國家政黨早期意識型態或黨綱區分鮮明，到二戰後為爭取中間選民支持，淡化意識型態、走向新中間路線的「無所不包政黨」（catch-all　party）或「掮客型政黨體系」（brokerage　party　system）。

　　文章亦指出印度在 INC 主政的前 20 年間相當程度的包容、代表各自歧異的宗教、語言種族社群，仍算為「無所不包政黨」，但自英迪拉・甘地主政後，INC 所代表的利益與群體認同越來越小，起而代之的是更多地方性、教派性意識型態強烈的政黨。印度政黨政治體系上的轉變，從 INC 單一執政包容各宗教、種族與各派意見，到 1967 年 INC 的分裂、小黨派興起，成為一種多黨併立的政黨競爭，近年印度政府主要以政黨聯盟態樣出現，BJP 領導的「全國民主同盟」（National Democratic Alliance，以下簡稱 NDA）和 INC 領導的「團結進步聯盟」（United　Progressive　Alliance，以下簡稱 UPA）似乎成為印度未來政黨政治的兩大競爭勢力。[42]

　　吳得源引述 Lijphart〈The Puzzle of Indian Democracy: A Consociational Interpretation〉文章，認為印度民主在如此艱難的條件下，能運行不墜之因在於實施「共識型民主」，雖然近年印度權力分享的特徵不如甫獨立後的 20 年，但其他條件仍能支持其國家的民主運作。然而在文章之後半，作者也談論，Lijphart 將典型「共識型民主」套用於印度，可能產生的問題，並且該文章撰寫時，印度政治尚未出現多黨聯合政府不穩定的現象，更未能解釋 2004 年大選前後 INC 與 BJP 兩大政治聯盟競爭的狀況；印度是否會從 INC 黨內共識型民主，走向跨黨式共識型民主，亦或走向兩極對立的競爭性多數決，仍待觀察。[43]

---

[42] 吳得源，〈從單極、多極到兩極式代表機制？──印度政黨體系之演進特徵與民主實踐〉，《台灣國際研究季刊》，第 2 卷第 4 期（2006 年），頁 51-72。

[43] 同前引，頁 73-76。

此外，在許多研究或分析近 20 年全球民主政治發展的專書中，印度、BJP 常成為一個「模範」或一面「借鏡」。有正面讚揚印度在歷經諸多考驗與仍未擺脫貧窮的狀況下，兩黨輪替的民主體制仍正常運作實為難得；並且在國內具備獨立的司法機關、選舉委員會與蓬勃的媒體產業，使印度成為其他第三世界甚至「中國」走向民主化最佳的楷模與榜樣。[44]然而，亦有對印度民主在近年走向腐敗與被人民、政黨濫用表示惋惜與譴責，他們提醒印度應重拾印度珍貴的包容性特質，批判如 BJP、RSS 這些激化印度宗教衝突與對立的教派組織，使印度的民主漸漸邊緣化與不自由化。[45]

回顧以上文獻，各篇都是對研究印度政治發展、BJP 非常重要且珍貴的資料來源。但由於以上之論文或書籍，大多僅在闡述或整理歷史當時的情勢、狀況；或是 1996 年以前的時局探討，較少從整體架構分析宗教型政黨、BJP 組成與擴張的背景條件，和國家制度對其發展關聯。而主要研究印度政黨、政治與宗教衝突關連的書籍、文章也以外文為主，我國的研究仍在累積與努力中，本書希望就各方文獻的蒐集與實際探訪印度，對 BJP 的發展與侷限，以及其對印度整體發展的影響，有更全面的了解，希冀為我國印度研究盡一己之力。

貳、章節安排

本書章節安排如下，在第一章部分提出簡單、概念性的背景、內容架構與研究方法等，第二章切入正題「印度政治與宗教社群衝

---

[44] Larry Diamond 著，林苑珊譯，《改變人心的民主精神——每個公民都該知道的民主故事與智慧》（台北：天下文化，2009 年）。

[45] Fareed Zakaria 著，孟玄譯，前揭書，頁 110-119。

突的發展脈絡」，印度宗教衝突的原因與過程，與其政治發展、歷史息息相關，因此該章節將闡述印度政治與宗教衝突的歷史淵源，呈現歷史、政治制度對宗教民族主義過去與現在發展的影響及痕跡。第三章「印度教民族主義與 BJP 之崛起」，探討「假設（一）」、「假設（二）」，「印度教民族主義」認同產生、凝聚與增強的原因，以及印度周邊的印度教民族主義組織對印度教民族主義復興、BJP晉升執政黨扮演何種角色。另外，本章第三、四節，BJP 與其他政黨間的關係、BJP 執政過程，即針對「假設（三）」的部分，彰顯內閣制對 BJP 竄起提供的「制度」優勢，BJP 如何運用當時的政治生態說服其他小黨，與之組成選舉聯盟，最終成為印度史上唯一取代 INC，完整執政五年的政黨、政黨聯盟。

　　第四章「BJP 執政後宗教民族主義政策之體現與影響」，舉出BJP 執政時期的重要政策，看其背後所隱含的政治、宗教目的，並且對印度整體社會產生什麼程度的正、負面衝擊，針對「假設（四）」進行分析。至於，第五章「印度當前政治型態對 BJP 之侷限」，則是回應「（假設五）」，觀察「民主制度」、「聯合內閣」是否牽制 BJP意識型態，迫使其調整相關政策，更可能影響其執政空間。第六章為本研究之結論。

第二章　印度政治與宗教社群衝突發展脈絡

　　「印度教」（Hinduism）為世界第三大宗教，有別於前兩大世界宗教——「基督教」與「伊斯蘭教」，雖有主要分布的地區，但在世界各大洲也都有廣大的信眾，反觀印度教，在影響的區域上則具有強烈的「屬地性」。世界約有十億的印度教徒，在分佈上具有一種地理區域性，大致以南亞大陸分部為最密集，而其中最主要的國家即為「印度」。依 2012 年的統計，印度總人口約 12 億 2 千萬人，僅次於中國，為世界人口排名第二多的國家，印度國內信奉印度教的人，約佔總人口 80%，即 9 億 8 千萬人，是全球印度教人口的95%，其餘的印度教社群分佈於尼泊爾、孟加拉、巴基斯坦、斯里蘭卡、馬來西亞、新加坡、印尼、非洲東南部、斐濟、歐洲等國家。因此就比例上，南亞區域為印度教徒及印度教文化的主要影響範圍，印度教與其他宗教互動所引發的各種現象與問題，也成為影響南亞區域和平發展的關鍵因素之一。[1]

---

[1]　尼泊爾印度教徒佔全國人口 80.6%，約 2 千 4 百萬人；孟加拉國內整體以信奉伊斯蘭教為主，印度教徒居次，但僅為總人口數 9.6%，約 1 千 5 百萬人；歐洲大陸以英國為最主要，約有六千萬印度教徒。數據整理自 *Central Intelligence Agency* (2012/9/28), https://www.cia.gov/library/publications/the-world-factbook/index.htm; India's Population 2012, *India on Line Pages*(2012/8/2), http://www.indiaonlinepages.com/population/india-current-population.html.

討論印度教文明、印度教發展對南亞——特別是印度——的政治、社會影響之前，本章將先就「印度教」的基本概念與印度教與政治及社會上的關連進行初步介紹，並簡述印度歷史脈絡，用以了解印度複雜、難解的宗教紛爭背景。

第一節　印度教文明之發展

壹、「印度教」的發源

「印度教」的發展超過三千年歷史，盛行在南亞此一多種族、語言的地區，正因在文化差異性極大的區域上演變，加上印度從脫離英國殖民獨立之前，都未有過完整統一各方的朝代及王國，以致使印度教並沒有如同猶太教、基督教和伊斯蘭教具備單一的歷史奠基者，因此印度教也沒有單一、固定的定義、教派或儀式、習俗，甚至獨尊的經典或教會組織，而是由歷史堆疊出一套習俗，「印度教」同時被視為具有多元、寬容、包容的宗教本質。儘管有對「吠陀」（Veda）權威的承認、棄世與解脫的尋求、種姓制度的遵從等普遍認同，但這些也都無法單一的解釋和界定印度教的內涵。[2]

印度教與南亞關係緊密，談論其發展也必須從印度這個起源地談起。「印度教」一詞對印度而言是一個現代的宗教，在古老的印度文明中並沒有印度教這一個特定的宗教，其傳統則可回溯自早期

---

[2] Arvind Sharma 著，張志強譯，《印度教》（台北：麥田，2003 年），頁 26-27、99。

「印度河流域文明」與「雅利安文化」南侵而形成的相互影響。「印度河流域文明」自西元前 2500 年開始發展，在西元前 2300~2000 年達到高峰，此時期與美索不達米亞文明有貿易往來。印度河流域文明影響相當廣，東邊起自恆河（Ganges）與亞穆納河（Yamuna）上流流域開始，向西達伊朗邊境，南方則至古吉拉特邦（Gujarat）海岸。[3]

印度河流域文明的成就，在城市建設上已具備相當程度的規模與成熟規劃，棋盤式結構整合城市建築和居住空間，完備水渠技術建造下水道與水井系統，以穀物為當時主要的經濟作物。經考古研究，印度河流域文明的宗教儀式與後來南亞傳統宗教形式有許多相似之處，如神化動物與人物，膜拜樹木、動物或呈現瑜珈（yoga）坐姿的人像等。此外，對原始濕婆神、母親神和動物神的信奉、齋戒沐浴等印度教神祇與儀式的虔信與著迷，均能在後來南亞的各種宗教儀式中看到類似的特色，印度河流域文明在西元前 1900 年逐漸沒落，至西元前 1500 年滅亡。[4]

另一個形成印度教文化的基礎，是由雅利安人（Aryan）帶入印度的「雅利安文化」。雅利安人為西元前 3000 年居於俄羅斯西南部的部落，為高加索人種，採印歐語系語言，經濟活動以畜牧業為主，因此為了尋求水源與牧場，雅利安人不斷向外遷徙，向西進入歐洲大部地區，往東則進入歐亞大陸，在西元前 2000 年到 1500 年間，從裏海東南岸南下進入伊朗高原，再向東南移入印度河流域。由印度西北部開始，繼續往恆河流域擴張，征服了印度河流域的達羅毗荼人（Dravidian），最後主宰北印度，並與定居恆河流域的印度河流域文明後裔相互結合、互動，將雅利安文化和印度河流

---

[3] Cybelle Shattuk 著，楊玫寧譯，《印度教的世界》（台北：貓頭鷹出版、城邦發行，1999 年），頁 29-30。

[4] Arvind Sharma 著，前揭書，頁 102。

域的制度融合,同時也是雅利安人將梵語、多神信仰、火祭為主的教儀式和階級化的社會結構帶入印度。[5]而印度教的核心經典《吠陀經》(the Vedas)據傳也是在此時期傳入。

貳、印度教信仰核心

一、吠陀經

《吠陀經》,印度教的核心經典據傳在雅利安人進入時由祭司口述、並以梵文記載完成,在祭司家庭代代相傳至今。廣義的《吠陀經》主要涵蓋火祭或相關祭儀的資料與經典,而狹義的吠陀經包含四部「本集」(samhitas),包含:《梨俱吠陀》(Rig Veda Samhitas)是火祭中的讚歌,與祭司在火祭中念誦;《娑摩吠陀》(Sama Veda Samhitas)以《梨俱吠陀》為基礎的詩冊,說明吟唱的方法;《夜柔吠陀》(Yajur Veda)主要蒐集祭祀禮儀中的短篇散文和頌(mantras);《阿闥婆吠陀》(Atharva Veda)是包含日常生活、通俗或非雅利安人習俗的讚歌和咒言,如治療疾病、降魔禁咒等等。每個本集都還有三個附本,包含《梵書》(Brahamans)描述宗教禮儀的規則、目的與意義,《森林書》(Aranyakas)主要由居住森林的聖者寫成,內容補充《梵書》不足,《奧義書》(Upanishads)解釋禮儀真正的本質,從儀式的記錄轉變到對宗教知識本質的解析。《吠陀經》之所以能成為印度教的核心權威,主要是因為它被認為是古代印度聖者聽聞到的天啟(shruti),意旨蘊含超凡、永恆的知識。[6]

---

[5] Cybelle Shattuk 著,前揭書,頁 30-31。
[6] 同前引,頁 31-33。

二、「輪迴」與「業」

　　印度教在《吠陀》的記載中是祈求諸神的庇佑，但隨著《奧義書》的解釋，個人在世俗生活的信念將轉變為對生死的「輪迴」（Samsara）和尋求最終的「解脫」（moksha），規範生命輪迴、解脫系統的機制稱為「業」（karman），其指的是每一個行為就是一個「業」，每個「業」都會產生一個結果，因此人在世的功德會決定他死後進入天堂或地獄，經過一段時間，人會再次降臨人世，就稱為「輪迴」。要停止「輪迴」達到「解脫」則需靠「瑜珈」（yoga）的訓練，「瑜珈」一詞源自梵文「yuj」，有「控制」的意思，包含道德、身體、心靈的鍛鍊或稱「苦行」，因為人想鍛鍊「心智」必須要先能控制「身體」，讓心智和身體能受控制才能進入「冥想」的深層境界，超越心智的狀態就能獲得真正的「解脫」，簡言之，「瑜珈」的出現就是為使人獲得「解脫」而產生，此種人生境界的追求，也使印度教發展出如「苦行」的修行，並且提倡非暴力、禁慾、真實無妄、潔淨等精神倫理。[7]

三、種姓制度

　　雅利安文化傳入印度的另一項重要的信仰文化或稱社會制度就是「種姓制度」（Caste，梵語為 *vama*）。「種姓制度」源自達羅毗荼人建立的奴隸制度，雅利安人入侵印度後，把皮膚黝黑的達羅毗荼人當作奴隸，禁止他們與雅利安人通婚，以保持雅利安人的血統純潔，因此在梵文中種姓制度的「Vama」就是「膚色」的意思。

---

[7]　Cybelle Shattuk 著，前引書，頁 41-43。

以奴隸制度為基礎，配合雅利安人帶入的《梨俱吠陀》中的〈原人讚歌〉，將社會分為四個階級：婆羅門（brahmana，意為與梵有關者），地位最高、最清淨之階級，通常擔任僧侶、祭司與學者；剎帝利（kshatriya）通常為統治階級如國王、武士；吠舍（vaishyas）為工商階級或事農、漁業、工匠等，而首陀羅（shoudras）地位最低，通常是從事勞務工作的奴隸階級，為上面三個種姓服務。[8]

此外地位最低下、最不清淨而「喪失種姓身分」（classless 或稱 outcaste）的「不可觸民」（untouchable）或稱「賤民」，印度文稱為「達利特」（Dalit）意指受壓迫之人，而甘地為破除種姓的歧視稱之為「哈里貞」（Harijan）意為神之子。印度社會中，種姓的高低決定一個人的社會地位，但卻不等同於能獲得相應的經濟地位保證，因為在有些村落中，最富有的往往是「吠舍」、「首陀羅」等生意人或地主，而擔任祭司的「婆羅門」卻較貧窮。[9]

除了四大種姓外，種姓下又分類出無數的「紮提」（Jāti）——「種姓群」，主要以職業作為區分，同時決定其社會地位。不同「紮提」、不同職業的男女不可通婚，同時也不可有肢體上接觸，不可共食與進出同一公共場域。而「種姓」之所以能世代相傳，「輪迴」與「業」是維繫此階級制度的關鍵，因為根據「業」與「輪迴」的觀點：「人此世的命運無法藉由人的意志或行為加以決定或改變，此生的命運是由前世決定，來世命運由此生行為決定，尚未達「解脫」之前，這種生命循環將不斷繼續。」[10]這種宿命論的說法有助

---

[8] 李達南，〈漫談印度的種姓制度〉，《外交學院學報》，第三期（2002 年），頁 69-70。

[9] Cybelle Shattuk 著，前揭書，頁 44。

[10] 張世澤，〈印度社會的種姓制度〉，收錄於鄭端耀主編，《印度》（臺北：遠景基金會，政大國關中心），頁 354。

於穩固種姓制度，讓每一個人接受其自身命定的地位與工作，同時能消弭種姓間的反抗情緒。

種姓制度幾千年的發展，不可避免的雜婚與職業分工越來越細，使其更加複雜與嚴密，種姓化也更趨精細，現今已發展出多達千多種「紮提」。歷經千年的歷史和社會發展，低種姓階級仍為印度社會多數，「賤民」不包含其他低種姓社群就占印度一億多人口，且在傳統社會中長期屬於被打壓、忽視、受不平等待遇、沒有受教育、更無參政機會的族群；相對的，高種姓只是印度中的少數，卻享有大多數的社會、經濟資源，儘管印度獨立時就在憲法明文宣示印度將是一個平等、無種姓階級、不因種姓、宗教等有歧視的社會，但高、低種姓間的生活資源差距所衍生的各種爭議、衝突，無疑的是印度當前社會面臨的不穩定問題之一。[11]

四、住期之法：生命的目標與階段

將種姓制度、業與輪迴的概念結合，對除了婆羅門以外的階級而言，印度教徒一生都受人生不同階段的目標規範所影響，而這樣的人生階段稱為「住期」（ashrama）。印度教強調多元主義，但對人的生活目標提出四大著名核心教義（purusarthas）：一、道德生活；二、獲取財富；三、感官享樂；四、尋求解脫，這四大生活目標也就對映著「法」（dharma）、「利」（artha）、「愛」（kama）、「解脫」（moksa）。為使人生達成此四目標，印度教訂定出四個人生階段，也就是所謂的「住期之法」（asramas）。[12]

---

[11] 印度憲法§15 主文：Prohibition of discrimination on grounds of religion, race, caste, sex or place of birth. 參照 *The Constitution of India.*
[12] Arvind Sharma 著，前揭書，頁 73。

　　「住期」以每 25 年作為區分，第一階段是「梵行期」也稱為「學生期」，由父母和老師教導道德律則，並依每個人的特質學習某種「天職」；第二階段稱為「家住期」或「家長期」，25 歲後適逢結婚生子、撫養家庭的年紀，享受感官之樂，並為家庭努力工作；第三階段「林隱期」（forest dweller），50 歲後成為一名林隱者，過著遵循道德且虔誠的生活，投入心靈修行，也將家庭責任交付給長成的孩子；最後一個階段「棄世期」（sannyasa），此階段並非每個人必經，以自我心意所決定，但若想擺脫輪迴尋求解脫，就必須離開家庭、放棄與社會的聯繫，投入「棄世期」成為一名苦行僧。

　　「住期之法」強調的是印度男性的一生，印度婦女並沒有要求按照此四階段劃分人生。此外，過去婦女仍有經歷學生期的機會，但在約一世紀時，婦女不被准許研讀吠陀，他們認為家庭生活是婦女的重心，她們必須學習「持家之道」，而婚禮就如同婦女的學生期，侍奉丈夫就是遵奉她的「精神導師」（guru），婦女也必須陪同丈夫進入林隱階段，至於精神方面的靈修或是棄世期則不被鼓勵。[13]

　　印度教是一個較少「個體性」較多「團體性」的宗教社會結構，由「種姓制度」教義、四大生活目標教義、「住期之法」共同組合一個金字塔結構，越接近金字塔頂端的修行就象徵越靠近天堂。

五、史詩

　　當前對現代印度教徒最具吸引力與熟知的印度教文獻非「史詩」莫屬，印度教兩大經典史詩為《羅摩衍那》（Ramayana）和《摩

---

[13] Cybelle Shattuk 著，前揭書，頁 45。

訶婆羅多》（Mahabharata）。《羅摩衍那》包含 2 萬 4 千篇頌詩，內容從印度英雄羅摩（Rama）的誕生開始，講述其少年時的流亡生活，以及英勇解救被魔鬼拐誘的妻子凱旋返回首都阿瑜陀（Ayodhya）的故事。羅摩王或稱「羅摩統治者」因而成為印度教道德的代表。而《摩訶婆羅多》講述婆羅多部落中家族內部為爭奪王位導致兄弟殘殺的大戰史詩，以十萬篇頌詩講述「俱盧族」（Kauravas，譯有亦為考拉沃）和般度族（Pandavas，亦有譯為潘達沃，為俱盧族的堂弟）爭奪王位的過程，俱盧族在「黑天」（Krishna，譯稱為克里希，一個具有羅摩形象地位的角色）的協助下取得爭鬥的勝利。兩部史詩中的英雄形象也形成一個受社會普遍認同的規範倫理（如：誠實不說謊）和目的倫理（如：在符合最大利益的狀況下惡行是可被接受的）。[14]

　　《羅摩衍那》、《摩訶婆羅多》被翻拍成無數的電影、電視劇，在印度相當流行與風靡，觀眾對演員、導演的道德規範要求和因電視劇衍生出的印度教虔信精神都大力展現印度教在印度強大的活力與影響力。[15]

　　印度國內有 80%以上的印度教徒，印度教又起源於印度，是故「印度教」起初被視為一種「種族性宗教」，然而，「普世化」卻也在印度教的發展中持續宣揚，印度教三次主要擴張展現了「普世性」的特徵，首先，從早期印度教進入東南亞開始（如印尼等國），到第二階段英國殖民者將印度勞工派遣到東南亞、非洲等國，與第三次印度教徒主動將印度教哲學、宗教精神引入西方，使西方風行瑜

---

[14] 同前註，頁 50-56。

[15] 關於該劇造成的社會影響與研究可參考 *Frontline* 雜誌 2000 年 Vol.17, Issue.16, "Hindutva at play"一文，該文章訪問 Arvind Rajagopal 教授關於其所出版的 *Politics after Television: Hindu Nationalism and the Reshaping of the Indian Public* 一書的見解與看法。http://www.frontlineonnet.com/fl1716/17160760.htm(2012/6/2)。

珈、接受輪迴與業的信仰系統，三次的擴張到目前新印度教徒或非印度教徒、遊客被允許進入若干印度廟，都是印度教走向普世化正面的表現。

　　「種族性」與「普世性」產生了許多矛盾之處和互補之處，舉例來說，當印度教面對佛教、耆那教（Jainism）等普世宗教的挑戰時，印度教以普世奉獻主義與其呼應；當面對伊斯蘭教軍事化和擴張主義時，他們會退回種族主義，提出印度教的民族主義與之對抗。[16]「種族性」更可說是印度之所以能產生「宗教民族主義」、「宗教型政黨」相當重要的關鍵因素，在印度教與伊斯蘭教的對立以及相對應的印度與巴基斯坦歷史糾結上更為明顯。或許可以說，因為「印度教」蘊含的種族性與普世性，才得交織出南亞大陸自中世紀至今宗教上的各種衝突、紛爭與和解。

第二節　英國統治前的印度宗教社群發展

　　對印度教精神、教義有基本理解後，本章後半部將簡述從伊斯蘭教進入印度後，對印度政治、宗教與社會的改變及發展，從歷史脈絡中了解複雜且影響深遠的政治、宗教愛恨情仇。

---

[16] Arvind Sharma 著，前揭書，頁 37-42。

壹、伊斯蘭教進入印度

　　經歷孔雀王朝阿育王、貴霜帝國與笈多王朝的古印度統治黃金時期後，西元八世紀，阿拉伯人入侵印度，初次將伊斯蘭文化引進印度。11 世紀，轉由突厥人入侵北印度開始，建立德里蘇丹國，突厥人雖統御了北方，但軍事與經濟制度上並未特別具有「伊斯蘭化」。蘇丹王因軍事和統治能力而獲得權威而被認可，而宗教上蘇丹仍被要求應尊敬、恩寵宗教人士。德里蘇丹自 15 世紀末日漸衰退，蒙兀兒帝國創立者巴卑爾（Bâbur）乘勢擊敗蘇丹國，結束德里蘇丹 320 年的統治。在此期間多數一般穆斯林和印度教徒其實沒有權利可言，並在多數蘇丹王專制與威權統治下，印度教徒常受政治、政策上的壓迫，如沉重的手工業稅、田賦、人頭稅等雜捐，也因為生活困苦、貧窮，當然無法組成有力量的組織進行反抗或推翻政權。而伊斯蘭教徒即是在此時期快速增長，以印度西北部尤甚。[17]

　　蒙兀兒帝國自 16 世紀中期（1556 年）開始，統治近乎整個印度半島，第三為繼任者阿克巴（Akbar）、其子賈漢吉爾（Jahangir）及其孫沙賈汗（Shah Jahan）的統治使王國達到鼎盛。雖蒙兀兒帝國是一伊斯蘭教帝國，但由阿克巴所發起的宗教寬容政策在二位繼任皇帝的追隨下，並未因穆斯林象徵而排斥其他宗教，他們廢除非穆森林的人頭稅、香客稅，允許各宗教建立寺院、自由傳教，讓先前被迫改宗的人恢復原本的信仰，政府公職、稅收制度各宗教平等，歡迎耆那教、祆教以貿易為目的進入的葡萄牙耶穌會和各伊斯

---

[17] 孫士海、葛維均編著，《列國志 印度》（北京：社會科學文獻出版，2003年），頁 90；芭芭拉·麥卡夫、湯瑪斯·麥卡夫著，陳琦郁譯，《劍橋印度簡史》（台北：左岸文化出版，2005 年），頁 29-38。

蘭教團體進行對話與討論。此時團結印度教與伊斯蘭教的關係，解決印度教內部鬥爭，並要求禁止殺嬰、童婚和寡婦殉夫等有礙社會進步的宗教規範，他們對宗教的包容與多元主義亦可從阿克巴和賈漢吉爾對瑜珈的愛好而彰顯。宗教寬容政策讓阿克巴時期的蒙兀兒帝國能快速擴張，也使伊斯蘭教過去入侵者形象得以平反。[18]

然而，對於英國殖民時期到獨立後伊斯蘭教與印度教的衝突不斷，許多印度教徒、民族主義者、文獻將其原因推咎至沙賈汗之子奧朗則布（Aurangzeb）統治時期的專制暴政，將其行為解釋伊斯蘭教長期打壓印度教，並認為奧朗則布並未遵循文化多元主義與帝國行政效率，卻鼓吹嚴厲的穆斯林式政治文化，塑造個人崇拜，對印度人課徵各種稅賦，在諸多地方毀損印度廟建立清真寺等，都埋下印度教徒對伊斯蘭教的「外來統治政權」和「欺壓印度教」的負面觀感。

不過有書籍考證認為，雖奧朗則布對印度教有部分的壓抑，如恢復歧視性的稅捐、關閉印度教學校與廟宇、不平等的教育與工作機會等有激烈的針對性政策，但建立清真寺是為了彰顯蒙兀兒帝國和伊斯蘭教的實力，毀廟則是對特定貴族的忠誠度產生懷疑才採取的行動，與破除偶像無關，對展現忠貞的貴族帝國奧朗則布仍會以政府的力量保護他們的廟宇。且具歷史的統計，奧朗則布雖偏愛用穆斯林擔任公職，但在其統治後期，所倚賴的朝臣都是非穆斯林，主要的將領和「曼薩巴」（mansab）[19]有 1/4 都是印度教徒。[20]

---

[18] 孫士海、葛維均編著，前引書，頁 96-98。芭芭拉・麥卡夫、湯瑪斯・麥卡夫著，前引書，頁 40-47。

[19] 「曼薩巴」，蒙兀兒王朝的國家受階系統，授階者根據其階級可配給不同數量的騎師，有曼薩巴的人稱為「曼薩巴德」（mansabdar）。

[20] 芭芭拉・麥卡夫、湯瑪斯・麥卡夫著，前揭書，頁 48、49。

　　若有說法認為，自德里蘇丹與蒙兀兒王朝後期強悍的伊斯蘭風格統治，是埋下印度教與伊斯蘭教衝突的主要歷史背景，這樣的論述對伊斯蘭統治政績並未完整陳述且有失偏頗。對自印度獨立初期至今，規模越來越大、死傷越來越慘重的宗教衝突而言，當代統治者、政治人物與媒體對伊斯蘭統治時期的解讀與評論，以及如何操作伊斯蘭教的歷史定位，反而更具影響力，所扮演的角色更為關鍵。

貳、東屬印度公司奠定英國殖民時期印、伊統治方式

　　蒙兀兒帝國 17 世紀中逐漸衰敗，與英國政府 1858 年正式接管印度前，印度大陸由蒙兀兒帝國、各區域性邦國與「英國東屬印度公司」（British East India Company）三方，組成相互依賴也彼此競爭的統治網絡。英屬東印度公司自 1600 年獲得伊利莎白女王的特許，掌控好望角的貿易壟斷權，17 世紀到 18 世紀中葉，英國主要靠不對價的貿易掠奪印度資源、壓榨印度勞工。當蒙兀兒帝國後期統治者領導權威越來越弱，逐漸無法控制各地邦國王公，加上東屬印度公司因促進各地經濟發展與使中產階級收入增加之優勢，較受民眾支持，當各地經營上出現越來越多的管理與財政問題時，原先就具有結合軍事與經濟角色的東屬印度公司開始成為主要的管理階級。十八世紀中，配合英國內閣的支持，東印度公司引入並制定符合其利益的行政管理制度與法律規範，同時用來證明他們的「文明統治」。

　　此一法律體系由 1772 年指派的總督華倫・哈斯汀（Warren Hastings）所建立，內含兩大原則：首先是承認並還原「永恆法典」

（a fixed body of law）。「永恆法典」最主要的重點源自婆羅門典籍中，哈斯汀籌組梵文法律學者小組，將這些梵文經典轉譯為波斯文再譯為英文，希望藉此能擺脫對特定語言學者的依賴。由此方式編纂的「印度教法典」也鞏固了婆羅門種姓優於各種姓的教條。第二個立法原則是堅持「印度教」與「伊斯蘭教」在教義與宗教規範上的絕對不同，且兩者都應同時被保存與遵循。但此做法無疑也將宗教間不同教派化約為兩大社群，原為尊重宗教多元的好意，卻也成為日後印度社會組織的核心慣例——以「宗教」為分類的模式——並且成為後世印度人用來建立與強化自我認同的首要方式。[21]

東印度公司在此時期，軍事、經濟力量都凌駕於印度各邦國或地方領袖，在英國允許下掌握了全印度的經濟、金融與政治秩序，各邦總督也不具有擁兵權與稅收權，反由東印度公司掌握多數地區的收稅權，如孟加拉（Bengal）、比哈爾（Bihar）和奧里薩邦（Arrisa）每年須繳稅給公司，用來當作公司對英國皇室的貢金。東印度公司高額的稅賦，使地方總督和公司職員勾結貪汙，剝削農民，最終造成 1769 年的飢荒，農民反抗暴動。長期對農民的剝削、印籍士兵的壓榨，在 1857 年的民族起義中爆發。1858 年英國取消東印度公司，結束東印度公司近 250 年在印度的專屬特權，改由英國女王直接統治，並誓言保證排除種族歧視，確保宗教自由等安撫與懷柔的政策。[22]

---

[21] 同前引，頁 88-90。
[22] 孫士海、葛維均編著，前揭書，頁 99-101。

第三節　英國殖民時期

英國女王直接接管統治印度初期，雖聲稱種族平等、宗教自由，但東印度公司近兩世紀的統治形態與規範，已根植於英國人的殖民邏輯，英國政府從介入印度社會與政治秩序開始，就一再強調分離統治的觀點，除了英國人與印度人的種族區分外，宗教上也以印度教和伊斯蘭教區分不同社群。分離統治的最初目的，雖有尊重各宗教的原意存在，期許雙方各自獨立與包容，但分離治理的政策演變到最後，卻成為英國為追求自我利益最大化的手段。

自十九世紀初的政治改革開始，英國適度的放出選舉與自治權，但分離治理的概念使宗教社群競爭的場域，從小區域的選舉、區域性的國家組織、代表權分配都無一倖免，最後各宗教為爭取各自社群與個人權力，小區域的暴力衝突不斷發生。此種分離統治方式不但有助殖民者的控管，更能弱化反殖民勢力的團結，殖民者還能藉由小型的宗教衝突，作為鎮壓、管制人民的理由，同時分化、挑撥社群間的和諧，掩蓋其殖民統治的不公不義。

在英國殖民統治下的印度，就如同其他被殖民國一樣，殖民者帶來空前的經濟繁榮景象，但主要財富與資源也是掌握在殖民者手中。英國人受良好的教育、高階的職位、同工不同酬的薪資配給，這些種族歧視的政策看在印度知識份子的眼中激發了他們的反英情緒，知識分子所領導的反對運動日漸頻繁，英方也不能再視而不見。當時英國副皇（或稱總督，Viceroy）Lord Dufferin 同意選出特定的高知識份子，於 1885 年在孟買舉行第一次「印度國民大會」，原本英方只想拉攏印度知識分子使其效忠英國統治，

但其萬萬沒想到發展與影響力迅速擴張，反到吸引越來越多的知識分子參與，也促成印度第一個政黨「印度國民大會黨」（Indian National Congress，以下簡稱 INC）成立。[23]

　　INC 與當時興盛的印度教社團「雅利安社」[24]（Arya Samaj）、印度教大齋會等組織共同帶動第一波印度民族主義的興起。1905年孟加拉省劃分成立後，該省內的穆斯林社群不論在經濟、教育與就業機會上獲得相當大的提升，政治上也取得自治，並擁有自己的代表權，在此經驗下，激發穆斯林爭取和維護自身利益。1906 年印度穆斯林也成立全國性的「全印穆斯林聯盟」（Muslim League），欲與 INC 分庭抗禮。「全印穆斯林聯盟」政黨成立的創黨宗旨是在促進印度穆斯林對英國政府的效忠與感情，消除英國政府在政策執行上對穆斯林可能產生的誤解，表達伊斯蘭社群之意見與權利。但在穆斯林內部資本主義興起，與英國政府的利益衝突越趨白熱化，

---

[23] 同前註，頁 102。1733 年英國首次將英國在印度的領導人任名為「總督」或「副皇」（Viceroy），成為英國殖民時期對印度的行政管理制度，在東印度公司時期印度總督由公司董事會遴選，總督對東印度公司董事負責，1858年由英國女皇直接管轄後，在英國內閣中設立的印度事務大臣，由其任命。總督是王室的代表，不歸屬英國政府管轄，印度事務大臣僅有指示印度總督如何運用其於印度的權力。

[24] 雅利安社（Arya Samaj）又稱為「聖社」，1875 年由達那南達‧薩拉史瓦提（Dayananda Saravati）所創立，是 1828 年梵社（Brahmo Samaj）的繼承者，兩社均為印度教改革的先驅，其概念引自西方宗教文化，包括基督教與伊斯蘭教，將印度教導向一神論的信仰，反對偶像崇拜、種姓制度、宗教儀式、提升婦女權利等，強調民族自強、增進民族利益的重要性。此外，雅利安社獨尊「吠陀經」的地位，力求在印度教與現代人中找尋平衡點。梵社與雅利安社及其他宗教改革團體在此時的論述與作為對印度民族主義的啟發與日後印度社會信仰習慣具有極重要之地位。
歐東明，〈提拉克的民族文化復興思想〉，《南亞研究季刊》，第 130 期（2007年），頁 66。Partha S. Ghosh, *BJP and the Evolution of Hindu Nationalism: From Periphery to Centre*(New Delhi: Manohar Publishers and Distributors, 1999), pp.53-55.

年輕知識份子「青年穆斯林」的出現後，穆斯林的民族主義情緒也隨之高漲，開始呼籲穆斯林聯盟改變政策，與 INC 合作，追求民族的獨立與自由。[25]

　　此一主張在 1912 年真納（Muhammad Ali Jinnah）自 INC 離開加入穆斯林聯盟後轉為積極。因此，此時期印度教徒與穆斯林間的關係，雖在部分議題上，為爭取權力平衡或張顯宗教群體的區別與獨立性而有些許摩擦外，雙方的關係仍屬穩定。[26]INC 與穆斯林聯盟在決議合作對抗英國殖民後，分別在 1915 年孟買與 1916 年勒克瑙（Lucknow）簽定結盟協議，本於相同的道德立場，反對英國殖民、剝削貧窮，爭取自治與擴大選舉的參與度。加上一次大戰後，歐洲在中東伊斯蘭領土上建立起歐化國家，加深了印度穆斯林爭取獨立的意志，故在此時印度教與伊斯蘭教基要主義主張和雙方的衝突都在一定程度上被抑制下來。

　　1920 年莫罕達斯‧甘地（Mohandas Karamchand Gandhi）領導重組後的 INC 進行對英國的不合作運動，追求印度獨立。[27]「聖雄甘地」克服了宗教上的阻礙，凝聚了印度多元的宗教、民族，反對英國殖民壓迫，進行「不合作運動」（Satyagraha），歷經一次的失敗，直到 1935 年英國政府頒佈了「印度政府法案」（Government of India Act），在印度中央成立兩院制立法機構，並有執委會負責教育、外交、藥政等非關鍵的政務，並將各土邦組成印度聯邦，實行自治。[28]

---

[25] 芭芭拉‧麥卡夫、湯瑪斯‧麥卡夫著，前揭書，頁 195-201。

[26] 孫士海、葛維均編著，前揭書，頁 102-105。

[27] 國大黨於 1907 年因為黨內對於脫離英國殖民、爭取自治的手段不同，使「極端派」與「溫和派」無法達成共識而分裂。

[28] 甘地所領導的不合作運動可分為兩階段，第一階段為 1920 年到 1922 年，在 1922 年發生於北方邦的周理周洛（Chauri Chaura）殺害事件而結束，該事件主要起因於在一次印度民族主義支持者的集會遊行中，警方開槍鎮壓，

　　「印度政府法」雖是不合作運動的階段性成果，不幸的是卻導致印度教徒與穆斯林的分歧與矛盾加深。「不合作運動」以結果論來說，是個社群、政黨間的合作成果，但事實上，在過程中各方的猜忌與不認同卻無時不發生，雙方「合作」是平衡各自利益與對英國高壓統治極度不滿後所做出的決定。INC 與全印穆斯林聯盟的隔閡早在 1922 年第一次不合作運動中就出現，而 1937 年根據「印度政府法」決議而舉行的立法議會選舉中，INC 在七個大省中執政，穆斯林聯盟慘遭敗選。此次之失敗，導致兩黨的嫌隙增加，加上 INC 政府無法得到穆斯林的認同，卻又不斷拉攏底層穆斯林群眾，使伊斯蘭社群擔憂在此種印度教多數的狀況演變下，自己只會再度成為被統治者，成立伊斯蘭國家的願景也在當中逐漸深根，印度教與伊斯蘭教基要主義的領導者言論和行動，更是激化雙方的關鍵。[29]

第四節　爭取獨立與獨立初期

壹、二次大戰的獨立契機

　　英國之所以願意放棄對印度的殖民，與 1940 年代的國際局勢背景密切相關。首先是 1939 年英國宣布加入二次世界大戰後，除

隨後引起雙方激烈衝突，抗議者在警局縱火，造成數十名警員生亡，事件爆發後，甘地自行終結首次的不合作運動。在缺乏共識與明確組織下，獨立運動一直沒有再遍地開花的跡象，只有小規模或部分政治名人組成的組織推動以經濟自主為主的民族主義運動。直到 1927 年英國推動印度立憲改革，但在所有立憲委員會成員均為英國國會議員的狀況下，無疑造成國大黨、穆斯林聯盟、印度教民族主義者等各方的不滿，再度激起甘地與印度人民發動第二次不合作運動，運動於 1934 年結束。
[29] 孫士海、葛維均編著，前揭書，頁 106、107。

了對英國本身財政與經濟的負擔雪上加霜外，參戰與否更是印度與英國談判最好的籌碼。二戰期間，英國再度尋求 INC 的支持與合作，但此時執政兩年多的 INC 發現自己的優勢，他們不再無條件的支持英國參戰，而是認為印度既然要加入為自由而戰的戰場，就同時要讓印度也獲得自由。面對戰事的發展越來越不利英國，英國在協商的態度上也逐漸放低姿態，加上當時全球反殖民情緒的高漲，與美國對英國的施壓，戰爭期間英國在行政會議中開始釋放更多的席次給印度人，英國甚至在 1942 年由爵士 Stafford Cripps 代表進行的協商中，同意在戰後組成制憲會議讓印度獨立。

雖有英國的獨立承諾，但 INC 與印度方面其實仍有相當大的懷疑與不滿，因此在 1942 年 INC 發動了更大規模的反抗運動──稱為「撤離印度」（Quit India），印度各地發生多起大規盟的反抗暴力衝突，但最終都被英國強勢的軍隊鎮壓，六周後結束了整個行動，INC 領袖也都遭逮捕，並於三年後大戰結束後才釋放。[30]

1945 年大戰結束後，副皇 Lord Wavell 邀請甘地、真納和尼赫魯商討印度的未來，原本就缺乏互信與共識的雙方因權力分配的爭執與穆斯林代表權爭議而使談判無果。1945 年的選舉 INC 仍拿到90%的選票成為執政黨，而穆斯林聯盟則取得中央立法機關所有共三十席的穆斯林保留席，為印度穆斯林唯一的代表。雙方意識型態的僵持，與真納對選舉代表、機關穆斯林代表的堅持一再被否定，使真納決定採取更直接的行動，社會動盪與混亂、宗教衝突一觸即發。1946 年八月中旬加爾各答大屠殺、1947 年旁遮普省衝突，都讓印度教與伊斯蘭教共存的夢想破滅。[31]

---

[30] 芭芭拉・麥卡夫、湯瑪斯・麥卡夫著，前揭書，頁 250-264。

[31] 1947 年於旁遮普爆發的衝突，起因在於雖穆斯林聯盟於該省中獲得全數穆斯林席次，但其他三個政黨（統一黨、INC 和錫克教政黨）卻合作組成政府。此舉讓穆斯林聯盟決定發動不合作運動推翻此一政府，穆斯林聯盟的

貳、情勢所逼的「蒙巴頓方案」

　　面對當時混亂的印度社會與每況愈下的英國經濟，英國政府也明白沒有統治印度的可能與能力。1947 年英王任命最後一任副皇蒙巴頓（Lord Mountbatten）前往印度，並要求一定要在 1948 年完成對印度的權力移轉，英國殖民當局為統治的方便與現實狀況採取「分而治之」的「蒙巴頓方案」政策，將印度分為「印度教」的印度和「伊斯蘭教」的巴基斯坦兩個自治領地，英國分別向兩者移交政權，也授予各土邦自由選擇加入任何一個自治領地的權利，如果不願加入任何自治領地，可以保持與英國的舊關係，但得不到自治領地的權利。[32]

　　該政策以「宗教」做為區隔人民、族群的標準，並且為英國自身利益，不斷挑撥印度教徒與穆斯林間的關係，致使兩者矛盾日趨尖銳。1947 年 8 月 15 日，印度成功脫離英國殖民，成為新興獨立的憲政民主國家，「巴基斯坦」也同時從印度大陸上劃分成立。然而此後因尋求宗教歸屬而遷移的人口、造成的死傷超過百萬，宗教差異所帶來的恐懼與衝突更是埋下南亞區域及印度內部宗教衝突的根源。

行動造成了穆斯林對抗印度教與錫克教徒的悲劇，錫克教徒因擔心此一地區成為印度與巴基斯坦的國界，而影響其自身權益與生存，故對穆斯林具有相當大的敵意。

[32] 孫士海、葛維均編著，前揭書，頁 108。

參、獨立後的宗教社群問題

　　面對國家與領土的分裂，使伊斯蘭社群與印度教社群產生難以撫平的仇視，尤其是印度教上層階級更是無法諒解、接受此一結果。而穆斯林社群也非全然的歡喜迎接此一伊斯蘭國家的誕生，尤其在低種姓階層更是強烈的反對「兩國論」。[33]然而，此次分裂中被認為獲利最大的是伊斯蘭社群的上層政治菁英，他們獲得夢寐以求的政治權力與自認為伊斯蘭教的勝利與驕傲。事實上，宗教成為政治的分類始於英國，但以宗教的區別形成兩個國家，巴基斯坦的成立不僅沒有為伊斯蘭教徒形成政治和文化上的團結統一，卻反而因印度長期以來的南北文化和語言差異產生各自不同的政治認知與態度。[34]

　　獨立初期印度穆斯林所面對的是安全與認同問題，於 1950 年 1 月 26 日起草的印度憲法中「世俗性」與「平等權」為憲法的核心之一，尤其憲法第 25 到憲法第 30 條都是保障少數特殊宗教與文化團體權利的法案，印度憲法對穆斯林而言是他們信仰與安全最大的保障，但印度穆斯林在社會上仍受到需多歧視與排擠，有的開始走上基要主義，有的是尋求與巴基斯坦和阿拉伯的連結。[35]儘管在強調是世俗主義的尼赫魯統治初期，少許的社群衝突是存在的，且

---

[33] 1940 年 3 月 22 日到 24 日在拉合爾（Lahore）召開的全國性會議，討論英屬印度穆斯林的未來，最後達成了兩國論的「拉合爾決議」，成立巴基斯坦此一伊斯蘭教國家。而在 3 月 23 日，卻有大批的低種姓伊斯蘭教徒集結於拉合爾，表達他們對兩國論的反對。印度伊斯蘭神學院院長 Maulana Husain Ahmad Madani 更以" Qawmiyat aur Islam"英譯為 Composite Nationalism and Islam 一書表明反對兩國論之立場。

[34] Zafar Ahmed, *Future of Islam in South Asia*(New Delhi: Authorspress,2003), pp.119-121.

[35] Ibid, pp.122-128.

也並非所有 INC 的成員都追隨、認同尼赫魯主張的世俗主義，他們仍將巴基斯坦、穆斯林視為對印度的安全威脅之一。自英迪拉‧甘地統治時期，為取得少數群體的認同，爭取穆斯林社群的支持與選票，不斷強調其世俗性的主張，雖獲得相當好的成效，但她的作法也引起 INC 內不少的反彈聲浪，INC 後期的分裂與部分印度教民族主義組織的興起，也與之有關。

除了印巴分裂時的宗教社群衝突慘劇外，印度獨立後印度教與伊斯蘭教衝突北部與南部有不同的始點，以印度北部來說，自 1960 年代就已開始，而印度南部則至 80 年代末才陸續發生。

第一個嚴重宗教衝突發生在 1969 年古吉拉特省（Gujarat）艾哈邁達巴德（Ahmedabad），事件起因於「人民同盟」（Jana Sangh）[36]一極右印度的團體，他們懷疑穆斯林對印度的忠誠，並在媒體上大做文章與批評，造成伊斯蘭社群相當不安與充滿危機感，並且因為媒體的渲染，造成該地區上千名穆斯林被殺害。這類對伊斯蘭社群的批評與質疑言論在印度不斷出現，「印度民族主義」與「印度教民族主義」的意識型態也開始主導印度教與伊斯蘭教的衝突。

1970 年代發生在孟買 40 哩外的 Bhivandi 衝突，也造成 400多人死亡，大多數為穆斯林，而事件的主事者據報導即為 60 年代末在馬哈拉施特拉邦（Maharashtra）成立的「濕婆軍黨」（Shiv Sena）。然而在印度教與伊斯蘭教的衝突中，政治因素扮演極為關鍵的角色，但也並非所有的印度人都是「反穆斯林」的，許多印度教徒或印度的政治人物，也會替伊斯蘭社群主張權利。[37]自 1970 年代開始，進入了近代的印度政治，印度教民族主義復興，開啟了

---

[36] 關於該組織之重要性與介紹，將於本文第三章第三節中討論。
[37] Zafar Ahmed, *op. cit.*, pp.129-132.

宗教社群衝突的不同面貌，過去的歷史造就了今日的印度，而當前的印度社會卻也反映過往留下的痕跡。

小結

本章節概述印度宗教、政治發展的背景脈絡，同時所涵蓋的也是南亞大陸宗教衝突發展的前因後果。從雅利安人進入南亞大陸，融合印度河流域文明，創造了雅利安文化，此一文化與血緣被視為印度種族的源頭與本國性；7 世紀阿拉伯人踏上南亞大陸，一直到15 世紀蒙兀兒帝國統治；17 世紀西方殖民勢力的進入，影響現今印度的政治型態、宗教文化、經濟與民族性。

經歷多年的努力，走過獨立過程中發生的悲劇，印度終於找回失去許久的本土性，他們期許新的印度走向西方、民主與自由，印度獨立至今，民主與世俗主義的主張不曾間斷，但在執行與成效上卻充滿爭議。1947 年所發生的宗教遷移、所造成的社群衝突與對立，其實早已落幕並受控制，雖印度與巴基斯坦的歧見與嫌隙仍在，伊斯蘭社群與印度教社群的信任感仍未被完整建立，但當雙方在尋求平靜與找尋新平衡時，過去的仇恨卻在 20 世紀追求現代化的新興社會中又漸漸被挑起。

民主制度與世俗主義伴隨印度獨立與發展六十載，但世俗主義追求的各宗教平等、尊重少數宗教族群的精神卻未完全展現在印度當前的社會與政治生態中。印度社會內因宗教產生的衝突直至今日仍未停止，尤其自 19 世紀末 20 世紀初產生的宗教社群衝突，更與伊斯蘭恐怖主義、印度教民族主義的出現息息相關。

　　印度教民族主義的復興將歷史上的宗教紛擾與現代民族主義的論述加以結合，配合民主制度政黨競爭的過程，使特定的政治人物、政黨領導人能利用印度強烈宗教特質，當作爭取選票、動員群眾的手段之一，此種政治與宗教結合的論述在印度相當具有說服力，產生的政治效果與最終的選舉結果都非常成功；但同時也將印度的宗教問題、社會安全問題帶入另一個發展方向。

　　在下一個章節中，將進入本文的核心，介紹印度教民族主義的興起，此宗教民族主義在印度如何呈現，印度人民黨與此意識型態的關連如何被建立？

第三章　印度教民族主義與 BJP 之崛起

　　前章從印度整體歷史發展的縱身探究印度面臨的宗教對立淵源；經歷文明的轉變、統治勢力的更迭，殖民者與政治菁英的權宜操作，印、伊相異的宗教價值觀、認同矛盾被激起後，宗教間的對立與衝突成為印度獨立時最不願被提起的傷痛，而這樣的宗教矛盾甚至擴大為與鄰國的仇恨和懷疑。

　　是故，依本研究假設架構，從「認同」與「制度」探討在此歷史背景下，印度社會如何將「宗教」轉化為一種政治上的「意識型態」，演變為特定社群對國家和政治的「認同」，而認同擴大、強化，進一步促成「政黨」的產生，作為實現宗教意識型態理念的工具。同時，國家選舉與政府「制度」在當中扮演何種功能，可讓宗教型政黨能發揮政治影響力，或是因為特定的「制度特性」，才能使一個新興政黨，在有限群眾基礎又無法在議會中享有絕對多數的狀況下，仍能站穩其政治地位。

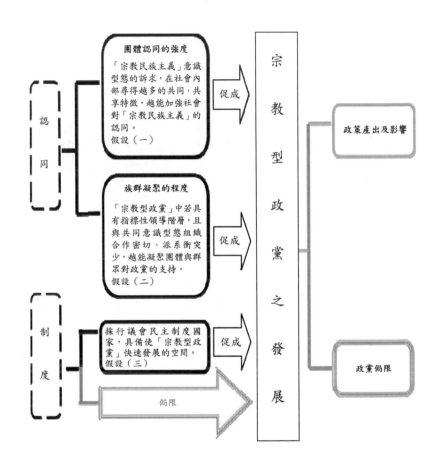

圖 3.1　研究架構(一)

第一節　印度教民族主義之興起與發展

印度，一個宗教人口比例失衡的社會中，少部分虔信的印度教徒為要彰顯與維繫其 80%人口的多數利益，加上對伊斯蘭教（占總人口 13%）、基督教等少數宗教社群抱持的懷疑心態，宗教成為類歸「他者」與「我者」最好的方式，並運用「宗教民族主義」（religious nationalism）作為動員群眾的基礎。自 20 世紀初「印度教民族主義」（Hindu Nationalism）社群發展成為一股非常龐大的勢力，本持著「印度教中心主義」的思想，並試圖將「印度教民族主義」融和或模糊化為「印度民族主義」的論述，此一作法在印度獨立上發揮相當大的影響力與功能。但令人擔心與詬病的是這龐大的印度教社群在獨立後漸偏走向「印度教基要主義」發展，持續影響一個追求世俗主義的印度社會。

壹、印度教民族主義的起源──牛隻保護運動

「印度教民族主義」的出現可追溯至 19 世紀末，印度人為反制英國殖民而興起的「牛隻保護運動」，在此時期之前，印度教與伊斯蘭教的社群認同雖已逐漸形成，但雙方尚未發生激烈的對立和衝突。「牛」是印度教中的聖獸，它代表母姓（maternity）與繁殖力（fertility），同時拒吃牛肉是印度教中種姓階級較高者必須遵守的習俗，連帶促使這一習俗成為一種高階級的象徵而被大眾信奉。

　　自 1860 到 1880 年代，因當時許多印度教派和牛隻保護社團紛紛成立雅利安社即為其中之一，[1]面對許多受西方教育與文化的菁英、知識份子將食用牛肉、乳製品與人的健康、國家的富強作正比的關聯，認為西方國家食用牛肉、牛奶使人民孔武有力，造就他們的強盛與繁榮，此一說法激起了印度人的民族性，他們想向英國人、知識菁英證明，不吃牛肉，一樣可以富國強兵。在此一反殖民的動機上，「牛隻保護運動」獲得各界的支持，舉凡印度地主農民、商人、銀行家、公務員，甚至包含部分穆斯林和英國人等都參與其中，當中高階層的民眾成為運動中最有利的軍事後盾。[2]

　　在反對殖民者的高傲與對印度文化的干預下，保護牛隻與民族主義產生連結，「印度教民族主義」一詞也就此形成。不幸的是，隨運動的發展日趨激烈，此做法卻無奈的與以食用牛肉為傳統的伊斯蘭教發生衝突與宗教習俗上的對抗。19 世紀末到 20 世紀初，牛隻問題成為印度教與伊斯蘭教社群最常產生衝突的原因，而此種轉變來自印度教對「聖牛」運動、禁止牛隻宰殺的訴求越來越明確，各邦與地方的法規越來越嚴厲，以及印度教徒漸將牛隻的保護與反穆斯林與反基督徒連結，最終使此一反殖民運動演變成社會內部宗教對立的導火線。

　　事實上，牛隻爭議對穆斯林來說只是一小部份信仰問題，牛隻並非伊斯蘭教唯一的飲食與祭祀來源，穆斯林對保護牛隻運動的反抗主要來自憂心宗教上的自由逐漸受到限制與排擠，擔心在未來占多數的印度教徒會以同樣的方式破壞他們的宗教傳統、生活習俗與文化。[3]

---

[1]　可參見第二章，註釋 24。
[2]　Gyanendra Pandey, "Communalism as Construction," in Sudipta Kaviraj, eds., *Politics in India*(New Delhi: Oxford, 1999), p.308.
[3]　芭芭拉・麥卡夫、湯瑪斯・麥卡夫，前揭書，頁 191-194。

此外，從 20 世紀初印度教所代表的「印度公會禮堂」（Hindu Sabha）、「國大黨」（INC）和代表伊斯蘭的「穆斯林聯盟」就已經有政治上的衝突。各政黨將政治動員視為自我定位、並找尋與印度文化聯結的必須行動，透過舉行各宗教節日慶典凝聚群眾、強化宗教認同意識，印度教民族主義者更堅信，印度分裂的種族與宗教可以透過「宗教」來團結。印度教民族主義初期的論述與主張不僅認為印度的軍事力量向來不足，應加強對國家、領土保護外，對於甘地期望印度成為一個各宗教、種姓平等包容的社會，傳統印度教徒反倒認為是對其本身信仰和印度整體性的威脅與不安，保守印度教民族主義者對印度教信仰的執迷也埋下甘地被暗殺的危機。[4]

貳、印度教民族主義復興

「印度教民族主義」雖在英國殖民時期就已出現，但其影響力並未於當時造成長期、廣泛的效應，民眾仍是以脫離殖民、追求印度獨立的「印度民族主義」為主要訴求。「印度教民族主義」此以宗教為主要認同的民族主義具體的形成，與 90 年代初期影響全印度的印度教教派組織「印度教大齋會」（Hindu Mahasabha）成立，及其領導人薩瓦卡爾（V. D. Savarkar）的出現密切相關。「印度教大齋會」在薩瓦卡爾領導下提出了印度教民族主義基本的精神——「印度教徒特性」（Hindutva）。[5]此一組織的成立與「印度教徒特性」成為此後各印度教民族主義組織與政黨信奉的核心原

4　Partha S. Ghosh, *op. cit.*, pp.58-59.
5　關於「印度教大齋會」組織及其相細內容請見後述。

則，印度教民族主義運動也自此有明確的概念與目標，開始活躍
於印度。

　　然而，基本上印度教民族主義對印度社會造成的衝擊，仍以
1945 年印度、巴基斯坦分裂，淪為兩個代表不同宗教基礎的獨立
國家，造成宗教社群大規模流動後開始；以及 1948 年甘地遭「印
度教民族主義」分子刺殺，才又重回印度社會。受甘地被刺等事件
影響，激進的印度教民族主義團體在獨立初期被政府禁止，民眾對
他們的暴力與強硬的態度相當不認同，直到二十世紀末、1970 年
代印度教民族主義的復興開始後才再度被探討，70 年代也是近代
印度教民族主義復興的始點，90 年代則到達頂峰的空前盛況。

　　20 世紀末，印度本地的印度教民族主義團體蓬勃發展，群眾
的動員與成員的擴張非常順利，印度人民黨（BJP）也是在此時期
成為印度第一大黨而執政。有趣的是，此股高漲的宗教氛圍也蔓延
至全球，印度教的復興運動吸引全球的印度教徒參與，不論是在南
亞各國甚至是東南亞的泰國、馬來西亞，甚至在南非。以南非的狀
況來說，1995 年七月南非印度教徒發起首次的印度教徒集會，該
主題稱為「印度教主義——21 世紀的觀點」（Hinduism—vision for
the 21st century），聚集了約 4 萬名南非印度教徒，南非總統曼德拉
（Nelson Mandela）也出席並發表演說，強調其贊同各宗教在南非
爭取平等的地位與權利。[6]

　　印度教民族主義更明確的論述與訴求也是在 20 世紀後諸多印
度教民族主義團體成立，才逐漸被討論與填充。他們回應或反對現
代化與西方文化進入印度後，對本國文化、傳統的破壞，強調印度
領土完整與國家統一的核心理念，同時宣揚伊斯蘭教復興對印度領
土、人民與宗教文化的威脅，造成印度、巴基斯坦兩國長期來的不

---

[6]　Partha S. Ghosh, ibid, p.28.

信任，如此的論述基礎不斷堆疊與發酵使印度教民族主義成為與全
球化、西化同步發展的反作用力，並且持續發揮影響勢力與擴大其
規模。這些共同的想法、宗教意識型態轉化為一股結合宗教與民族
的「認同」，進一步延伸出不同的團體與政黨。

第二節　印度教民族主義組織之發展

印度教教派組織自 20 世紀初期相繼成立，並團結成一龐大的
極右、保守勢力，稱為「聯合家庭」或稱「同盟家族」（Sangh
Parivar），他們所代表的是有權力的「印度教國家主義」、「印度教
民族主義」組織總稱。[7]各組織本持相同的意識型態、信仰認同，
在宗教、社會與政治議題上同聲發表立場，在各團體有組織、系統
性的動員與合作下，印度教民族主義的精神與影響性更加深植入印
度。不過「聯合家庭」穩固其勢力與立場的同時，卻使印度教與其
他宗教的衝突更加頻繁、對立更嚴重。

「聯合家庭」是一個大型的組織團體，其內部由許多團體組合
而成，這些團體除了代表印度教民族主義精神的執行，影響近代印
度內部宗教社群衝突的發展外，更是「印度教民族主義」與印度教
民族主義「政黨」能獲得當前影響力的重要關鍵。本節將對聯合家
庭中重要的組織，就其成立與組織特性以及在聯合家庭中的定位與
角色做約略的概述與介紹，作為後續進一步探究印度人民黨創黨的
淵源與群眾力量的基礎。

---

[7]　沈恩，《好思辯的印度人》（臺北：先覺出版社，2008 年），頁 96。

壹、印度教大齋會

「印度教大齋會」（Hindu Mahasabha）於 1907 年成立，起初由聯合省（United Provinces）與旁遮普省（Punjab）的印度教民族主義狂熱分子組成。主要以牛隻保護運動、推行北印度語、梵語書寫為組織核心運動，同時也推展印度教教育與宗教生活習俗，並且將「印度教民族主義」制度化，訴求復興古印度教傳統，反西方殖民統治、反伊斯蘭教與基督教，以及不同意對低種姓社群權利建立法律上的保障。印度教大齋會前期的主要的行動為以下：[8]

- 組織全國的「印度教公會禮堂」（Hindu Sabhas）
- 保護在宗教社群動亂中受傷的印度教徒
- 協助被迫改宗伊斯蘭教的印度教徒，重新回到印度教信仰
- 為青年印度教男女興建健身房，勉其強身富國
- 推廣使用印度語
- 管理、維護印度廟，作為大眾議論時事的場所
- 維繫印度教與伊斯蘭教社群間的和諧
- 替印度教徒爭取政治上的權利
- 注重並提升婦女權益

印度教大齋會的影響力直至薩瓦卡爾（Savarkar）加入後倍增，薩瓦卡爾的言論對印度教民族主義的精神持續影響至今，成為聯合家庭與印度教民族主義團體的核心理念基礎與創立動機。

薩瓦卡爾 1923 年著《印度教徒特性》（Hindutva）一書，提出「印度教國家」（Hindu Rashtra 或 Hindu Nation）、「印度教徒特性」的說法，[9]強調印度教具有宗教、文化、民族和語言的「整

---

[8] Partha S. Ghosh, *op. cit.*, pp.63-73.
[9] 所謂「印度教徒特性」係指：要成為印度教徒必須具備兩個條件，其一，

體性」，此宗教的整體性就是構成印度國家的核心價值和獨特性，此有別於「印度教主義」（Hinduism）純粹探討宗教的理論面與精神面，「印度教徒特性」與「印度教民族主義」是將宗教融入當前的政治、社會、文化等各層次的意識型態。

在理念上，印度教大齋會與薩瓦卡爾共同認為在南亞這塊土地上的國家稱為「印度斯坦」（Hindusthan），這是一個「印度教徒」（Hindus）的國家；而「印度」（India）、「印度的國家」（Indian nation）是外國的稱呼，同樣指的是「我們印度教徒」的國家。對他們來說，印度教（Hindus）、印度斯坦（Hindusthan）和印度（India）是同樣的。在 1937 年就職演說上，他認為印度當前不是一個「同質」（homogenous）國家，而是涵蓋兩個民族（two nations）：印度教與穆斯林，印度（India）不是一個國家的名稱，只是一個涵蓋兩個民族的「邦」（state）。然而，這樣的兩民族說法卻在 1938 年穆斯林聯盟接受「巴基斯坦」概念後轉變。薩瓦卡爾強烈反對兩國論，而主張印度人（Hindus）不是一個團體（community）而是一個國家，只有穆斯林與基督徒才是在這個國家中的團體。薩瓦卡爾以德國、土耳其等國家作為比喻，如德國（Germans）是德國人（Germany）的國家，猶太人（Jews）只是其中一個團體（community）。[10]

以印度為祖國，其二，信奉源自印度的宗教，如：印度教、錫克教、佛教、耆那教等。強調印度教徒就是一個由共同宗教、文化、歷史、種族、語言和其他親緣組成的同質民族，而「印度教徒就是一個國家」。傅菊輝、汪長明，〈印度教民族主義對南亞國際關係的影響〉，《世界民族》，第 2 期（2009年），頁 25。

參見：方天賜，〈東亞與南亞地區的種族與宗教衝突〉，收於張亞中主編《國際關係與現勢》（台北縣：晶典文化事業出版社，2004 年），頁 333。

[10] Aditya Mukherjee; Mridula Mukherjee; Sucheta Mahajan, RSS, School Texts and the Murder of Mahatma Gandhi: The Hindu Communal Project(New Delhi: SAGE, 2008), pp.79-81.

薩瓦卡爾的「印度教民族主義」排斥與批判其他宗教，尤以伊斯蘭教為重。他們將 17、18 世紀蒙兀兒帝國統治時期，視為印度教徒的蒙羞時期，與印度走向衰敗的主因。薩瓦卡爾認為印度教文化長期受到伊斯蘭教嚴重的破壞與攻擊，且伊斯蘭教徒天性好戰，若要維護印度教的存續與優勢，強權和強硬的手段是改變他們唯一方法。此外，印度教本身的軟弱和分裂，加上全球化後西方流行文化的進入，更破壞了印度原有的文化傳統與和諧，對少數團體的安撫與保障政策，使多數印度教徒的權益受到犧牲。[11]

「印度教徒特性」最初是一個「血緣」、「種族」概念而非宗教，薩瓦卡爾認為「印度教主義」只是「印度教徒特性」的一部分非全部，「印度教徒特性」涵蓋一切的印度法律、制度、生活習慣與道德、語言，在印度內的基督徒與穆斯林都應接受此特性。對他來說，在印度的穆斯林與在外國的印度教徒，都是**不具**「印度教徒特性」的「非印度教徒」，身為一個印度教徒必須是「*祖先居於印度，視印度為聖地與宗教搖籃的人*」。薩瓦卡爾堅信只有國家、民族、語言、文化和宗教的統一，才可能富強國家。

「印度教大齋會」自 1952 年參加印度首次中央選舉，僅獲得 1 個席位後，在復興印度教民族主義的影響力下降，但其歷史意義與地位無庸置疑。[12]

---

[11] 芭芭拉・麥卡夫、湯瑪斯・麥卡夫，前揭書，頁 274。朱明忠，〈印度教民族主義的興起與印度政治〉，前引文。

[12] Myron Weiner, "Party Politics and Electoral Behavior," in Peter Ronald deSouza and E.Sridharan ed., *India's Political Parties* (New Delhi: Sage), p138.

貳、國民志願服務者聯盟

一、成立宗旨與理念

「國民志願服務者聯盟」（Rashtriya Swayamsevak Sangh，以下簡稱 RSS）亦稱為「人民志願部隊」、「印度衛隊」或「國家公僕會」，它取代「印度教大齋會」成為獨立至今最具影響力也最重要的印度教教派組織。RSS 成立於 1925 年，創立人海茲瓦爾（K. B. Hedgewar）受「印度教徒特性」的說法感召影響而成立，海茲瓦爾成立 RSS 的動機是對薩瓦卡爾「信念」的追隨人於成立組織本身的作用與期許。[13]

RSS 成立初期，海茲瓦爾盡可能的不介入政治活動，他認為與政治的牽扯會影響其志願服務隊的性質，扭曲組織原先強調「個人」心性培養的目的。故雖當時與 INC、印度教大齋會有所聯繫，但均保持一定的距離。直到 1930 年參加甘地領導的「丹地大遊行」（Dandi March，又稱「食鹽遊行」）[14]被捕入獄後，開始受薩瓦卡爾信念的啟發，並且在遊行中發現印度北部、西北部鄉村的力量，加上在 INC 系統中獲得組織概念，都促使海茲瓦爾產生興起更整

---

[13] Partha S. Ghosh, *op. cit.*, pp.72-73.

[14] 「丹地遊行」（Dandi March/ Dandi salt March），為 1930 年為甘地抗議英國的「食鹽專營法」壟斷食鹽生產、提高鹽價與鹽稅而組織的遊行。自 1930 年 3 月 11 日至 4 月 6 日，每日行 10 公里共計 240 公里，沿路取海水自製食鹽。此一活動擴及全印度，除了人民響應自製食鹽，各地展開無數的反殖民遊行、罷工、罷課等。最後，殖民當局在危急下逮捕甘地與多數 INC 領導人，共計六萬多人。此舉激起更大的民怨、武裝衝突，完全脫離甘地所謂的不合作運動宗旨。英國在最後改變立場，頒布「甘地－艾爾文協定」（Gandhi-Irwin Pact），釋放甘地及政治犯、撤銷 INC 禁令、允許沿海製鹽，暫時緩解高漲的民族反抗情緒。

密組織的構想，而此一組織將不附屬於印度教大齋會等任何團體，至此之後文化與政治的結合被視為 RSS 兩大核心。[15]

RSS 成立之初追隨無種姓的社會，鼓勵低種姓和不可觸民的加入，期許全印度人民共同強身健國、對抗外國勢力與強權的入侵。他們主張「印度民族主義」的內涵其實就是印度教徒的生活型態，印度人民必須感到自豪並且將之延續至每一代。繼任者戈爾瓦卡（M. S. Golwalkar）延續組建印度教國家的宗旨，[16]強調「印度教徒特性」、積極統領印度教團體，發揚印度教特性、復興印度教在印度的影響力，RSS 在戈爾瓦卡領導後成為建設印度教國家最重要的推手之一。[17]

戈爾瓦卡在理念上完全遵循薩瓦卡爾的民族與國家論述，此外他認為，非印度教徒在印度生活，必須完全尊重印度的宗教、文化，學習印度的語言，學習印度的包容與和平性格，放棄他們對這塊土地的忘恩負義（ungratefulness）與偏狹（intolerance），並且展現他們對土地的忠誠。戈爾瓦卡更進一步讚揚德國人，認為德國之所以能如此強盛，就是保有他們純淨的文化與種族，他們的作法與論述相當值得「印度斯坦」學習。戈爾瓦卡將穆斯林與英國視為印度的兩大敵人，反對 INC 對穆斯林的寬容與開放，並將 INC 塑造為反

---

[15] Padmaja Nair, "Religious Political Parties and their Welfare Work: Relations between the RSS, Bharatiya Janata Party and Vidya Bharati Schools in India," *Religions and Development Research Programme*(2009), p.29.

[16] 戈爾瓦卡著有《我們或我們特定的民族性》（We or Our Nationhood Defined）一書。關於薩瓦卡爾與戈爾瓦卡兩人對印度教徒特性、印度教國家等印度教民族主以論述可參考：朱明忠，〈印度教民族主義的興起與印度政治〉，《當代亞太》，第 8 期（1999 年），頁 30-38。

[17] Sang Parivar(2012/4/15), http://www.sanghparivar.org/.

國家、反印度教、反暴力、親穆斯林的政黨，同時批評甘地的非暴力原則，認為對過去和現在敵人的寬容就是叛國（treason）。[18]

RSS 據稱現在擁有 800 萬名成員，主要力量分佈在馬哈拉施特拉邦（Maharashtra）及其周圍地區，成員遍及不同年齡、背景的男子。該組織自許為一個服務性團體，紀律嚴謹，每天早晨集合進行體能、武術訓練，修習印度教的宗教教育課程，鼓勵人民要有愛國心，堅持「真印度人」必須屬於「雅利安民族」。RSS 基本上排斥其他宗教，尤其伊斯蘭教，也反對世俗主義，組織具有強烈的印度教民族主義色彩，期望印度人民、包括本國的伊斯蘭教徒和基督徒，敬重、尊崇印度教文化，同時重新詮釋宗教經典與更換高階領人，確切執行印度教立國之目標。

RSS 主要目的在傳播印度文化，視印度教為主要價值系統，復興印度律法（dharma），但外界也常將 RSS 視為一個準軍事性（paramilitary）的印度教派組織，當其推動建立印度教國家、維護印度民族、宗教和文化時，RSS 即將印度「宗教軍事化」和軍事活動「印度教化」，RSS 成員經常是印度宗教衝突或主張激進宗教認同時的先鋒與主力。[19]

面對外界認為 RSS 的出現造成印度社會充斥宗教暴力與對立事件的批評與撻伐，經筆者訪問 RSS 高階幹部暨發言人 Ram Madhav 表示，[20]RSS 不是一個宗教性組織，而是一個社會文化組織，「印度教主義」（Hinduism）就 RSS 來說就像一把傘，它是一個共識、是一般性的觀點，「印度教主義」包容、廣納所有宗教。此外 1925 年 RSS 是基於保護國家領土的完整與統一而生，民族主義是基於大國意識而來，絕非追求宗教性目的，至於 19 世紀末所

---

[18] Aditya Mukherjee; Mridula Mukherjee; Sucheta Mahajan, ibid, pp.87-94.

[19] 巨克毅，前引文，頁 81。

[20] 訪談於 2012 年 2 月 9 日上午，印度德里。

發動的社會運動、吠陀運動也是對特定社群及個人欲分裂印度領土，所做出的必要回應。

發言人更指出，體能訓練、棍棒訓練在 RSS 來說都是鍛鍊身心的運動，棍棒只是平常隨手可得的工具絕非是攻擊性的武器，瑜珈等柔和的印度活動也都在訓練項目中。此外，訓練反映 RSS 一再強調的「個人」發展，希望透過印度傳統文化、道德與活動健全個人身、心靈全面提升，而非所謂激進的軍事化宗教民族主義。

另外，RSS 並非只限男性參加，男性為主的原因在於每天的訓練都在早晨 6 點到 7 點，此時段是女性、婦女最忙碌的時候，繁忙的家務、準備早餐、打理小孩、丈夫上課上班，所以早上的 RSS 活動以男性為主。事實上，RSS 也有女性組織稱為「全國女性自願服務隊」（Rashtra Sevika Samiti, National Women Volunteers Committee），其形式、目標與 RSS 大致相同，發揚印度教文化，尤其專注在女性特質與本質，強調自我保護與自主性的提高，維護女性在家庭、社會應有的權益。[21]RSS 成員是自由參加的，雖時可以加入或離開，完全出於自願，並且不收任何的費用，RSS 只在每年廣博仙人誕成日（Vyasapurnima Day）於全國五萬個據點同時進行不限額的奉獻、捐款，作為組織的收入來源。[22]

---

[21] "Rastrasevika Samiti,"(2012/5/22), http://rashtrasevika.org/.

[22] Veda Vyasa（廣博仙人）是印度教非常重要的聖者，被認為是往世書的作者，編撰四部吠陀經與摩訶婆羅多。Vyasapurnima Day 或稱為 Guru Purnima 是 Vyasa 的誕成日為印度教中相當重要的節日之一，其所遵照的是印度曆法，以 2012 年來說即是西元 2012 年 7 月 3 日。

二、發展

　　其實，RSS 自成立以來經歷了幾次的挫敗與停頓，因為它的組織特性與活動性質而被政府勒令禁止。第一次的禁止令起於 1948 年甘地遭印度教狂熱份子刺殺而頒布，該刺殺加害人為 RSS 成員高德西（Nathuram Vinayak Godse），RSS 因此在 1948 年 2 月 4 日被禁，此次事件因政府同意若 RSS 訂立出正式的組織章程，即解除對 RSS 的禁令，戈爾瓦卡在隔年三月將章程呈交中央，以結束近一年的禁止命令。[23]此後 RSS 走向低調，直到 1962 年中印戰爭爆發，總理尼赫魯特別邀請 RSS 參加 1963 年印度國慶閱兵大典，此舉幫助 RSS 再度活躍於印度社會，此後兩次的印巴戰爭 RSS 也主動發起維持社會秩序的行動。

　　第二次的禁止令為英迪拉·甘地 1975 年發布緊急命令時，當時逮補了許多反英迪拉勢力，而 RSS 被認為是保守右派也是明顯的反對勢力，所以在當時也遭禁止，直至 1977 年緊急命令解除後停止。不過，在第二次的禁止時期已阻擋不了 RSS 的勢力，RSS 更與許多政黨合作對抗英迪拉的專政，最後一次的禁令是在 1992 年阿瑜陀事件後。[24]

　　近年 RSS 一向以人文、文化團體自居，強調的是印度教徒的團結、整合印度社會，保護印度教法、印度教徒特性（Hindutva）、

---

[23] RSS 成員暗殺甘地主要的原因在於，印巴分治時產生的「國庫分家」問題，甘地主張「公平分配」原則，RSS 對此一說法相當不滿，認為唯有殺了甘地才得阻止甘地撥款與巴基斯坦。

[24] James Heitzman; Robert L. Worden, "Bharatiya Janata Party and the Rise of Hindu Nationalism," (2012/5/22), *India: A Country Study*(Washington: GPO for the Library of Congress, 1995), http://countrystudies.us/india/113.htm; "An ineffective move,"*Frontline*(2012/5/22), Vol.18(2001) http://www.flonnet.com/fl1811/18110360.htm.

創立印度特色，最終榮耀印度，該組織的目的是在提升個人的生理、心理層次，並推動公益與社會福利協助。確實，在 RSS 底下共有 19 個附屬組織，負責教育、社會福利、經濟與勞工政策等議題，然而在各組織中雖有各自目標與宗旨，但對印度教文化的發揚與推廣仍是核心價值，平衡其他宗教在印度的發展、反對共產主義是一致的共識。以下列舉相關重要組織作為介紹。

（一）全印學生聯盟

「全印學生聯盟」（Akhil Bharatiya Vidyarthi Parishad，以下簡稱 ABVP），意譯為「All India Students' Union」，此組織成立於 1948 年，主要起因於當時印度共產主義竄起，吸引許多印度青年，RSS 成員 Balraj Madhok 為了抗衡共產勢力組織此一學生團體，成員以大專院校師生為主。他們積極參與社會運動，表達對政府政策、施政與制度的不滿，目前成員超過 180 萬，約 6000 個組織機構遍布全印度大專院校，1700 多個聯絡處（contact place）、1800 多個總部（unit）。在新德里（New Delhi）最具代表性的就是德里大學（University of Delhi），此一學生組織與 BJP 的關係緊密，亦可稱為 BJP 青年軍組織，近期 ABVP 積極投入反貪腐、喀什米爾問題以及教育政策等國家議題。[25]

---

[25] Padmaja Nair, ibid, p.26; Organizational Statistics, ABVP(2012/4/15), http://www.abvp.org/index.php?option=com_content&view=article&id=51&Itemid=66; "Golwalkar: the brain of RSS," *The Milli Gazette*(2012/5/23), http://www.milligazette.com/dailyupdate/2006/20060226_Golwalkar_RSS.htm.

圖 3.2　ABVP 標誌，拍攝於印度尼赫魯大學（Jawaharlal Nehru University，簡稱 JNU）國際學院。

圖 3.3　尼赫魯大學國際學院（School of International Studies）內牆上有許多的社團海報，展現豐富的政治意識與思想態度，當中最主要的意識型態偏向共產主義。國際關係學院教授奈度（G. Vijayachandra Naidu）表示，這是彰顯了年輕學子對既有體制一貫的不滿與挑戰權威的熱情。

圖 3.4　校園內尼赫魯銅像。

圖 3.5　學院內學生餐廳。

（二）全印印度教育

「全印印度教育」（Vidya Bharati Akhil Bharatiya Shiksha Sansthan，簡稱 VBABSS，以下簡稱 VB），1952 年創立，其主要原因是 RSS 因刺殺甘地被禁後，為尋求一個較不受爭議的方式延續其組織運作，並且面對當時共產主義與基督教在鄉村與貧窮部落擴張快速，以及擔心在 INC 的統治之下印度除了民主、世俗和社會主義外，民族文化與道德精神會快速消失，最重要的是，如果要建立「印度教國家」（Hindu Rashtra）「教育」是非常重要的一環，基於上述的原因與狀況激起 RSS 興辦學校、推廣教育的想法。1958 年 VB 在北方邦（Uttar Prades）快速擴張，並延伸至全印度。

VB 除在 BJP 執政的邦相當興盛外，在許多 INC 執政的邦，受部分領導人推崇印度教優先的政策下也有不錯的發展。VB 在海外也有影響力，在印尼、美國等國家也都有此推廣印度教教育的學校組織，僅是以不同的名稱成立，如 Saraswati Shishu Mandir、Bharatiya Vidya Niketan、Gita Vidyalaya、Saraswati Bal Vidyalaya 等。根據 VB 的統計，至目前全印度約有 18505 所涵蓋不同年齡層的學校，VB 體系從幼稚園、初等教育到高中都有（以 pre-primary, primary, secondary & senior secondary schools, colleges and post-graduates 為分類），如同一般私立學校學生就讀到高中後再進入一般大學就讀。總計目前 VB 學生超過 320 萬人，教師 15 萬人，學生以中產階級的印度教家庭為主，其官方網站中也說明有少許的穆斯林學生加入。上課內容包含基本的印度教哲學、道德文化、梵文、體能、瑜珈等，VB 至今強調其非宗教學校，也非 RSS 所屬機構，他們是

獨立運作的學校，但事實上在 VB 網站也不諱言的表明 RSS 是 VB 資金的主要來源。[26]

　　VB 推廣印度教教育與教育研究不遺餘力，除了興辦學校外也出版許多雜誌、書籍，希望藉由系統性的教育建立年輕一代保有印度教徒特性與對印度的愛國心，VB 將自己定義為一個慈善公益組織，協助提升全國受教機會。但 1996 年 VB 的教課書被印度「國家教育研究與培訓委員會」（National Council of Educational Research and Training，以下簡稱 NCERT）認定有對年輕族群「推廣宗教狂熱與偏執宗教文化知識」的意圖，此主要針對 VB 所出的一系列宗教文化書冊，並要求學生背記，作為考試內容。[27]

（三）一人教師基金會

　　「一人教師基金會」（Ekal Vidyalayas，意譯為 Foundation of Solo Schools）1999 年成立，是一個非政府教育基金會，同樣是聯合家庭成員之一。該組織特色為在鄉村、貧窮落後的地方建立「一人教師」學校（One-teacher school），致力於減少文盲、協助偏遠地區的教育與教學。該組織雖名義上不隸屬任何政黨或組織，但在許多邦內主要的資助者來自聯合家庭，因此在其教學內容上，仍不

---

[26] Padmaja Nair, *op. cit.*, p.52; "Statistics," Vidya Bharati Akhil Bharatiya Shiksha Sansthan(2012/4/18) http://www.vidyabharati.org/statistics.php; "Aim& Objects," Vidya Bharati Akhil Bharatiya Shiksha Sansthan(2012/4/18),http://www.vidyabharati.org/aims_objects.php; "About Us," Vidya Bharati Akhil Bharatiya Shiksha Sansthan(2012/4/18), http://www.vidyabharati.org/about_us.php.

[27] Venkitesh Ramakrishnan, "Communal curriculum," *Frontline*(2012/4/22), Vol.29(2012), http://www.frontline.in/fl2903/stories/20120224290301000.htm. 該篇報導指出，VB 教科書的內容談論羅摩廟被入侵，又稱 1990 年 11 月搗毀羅摩廟的行動被禁止是印度歷史最黑暗的一天。

乏提倡「印度教徒特性」的宗旨。據其統計約有 38,111 所一人教
師的學校，一百多萬名學生。[28]

（四）印度勞工公會

印度勞工公會（Bharatiya Mazdoor Sangh，以下簡稱 BMS）1955
年在戈爾瓦卡的推動下成立，主要對抗當時的共產主義勞工階級意
識型態，主張建立勞工組織、維繫並統籌勞工權益，並與各政府組
織、企業一併合作議論勞資問題。BMS 是一個無政治意識型態、
無政黨連結的組織，出版許多雜誌、報刊來提升勞工對自我權益的
保障意識，並且開辦勞工法規與福利的課程、職業訓練、生活教育
與社團活動，促進勞工界的合作與和諧。[29]

（五）守護印度

「守護印度」（Seva Bharathi），一個 RSS 附屬下的非政府組
織，以照顧貧困、落後階級為主的公益團體，關注不可觸民與低種
姓的生活，並推展印度文化。該組織強調其普世性，不分種姓、宗
教及語言社群，RSS 透過此機構作為與低種姓的連結管道。[30]

歷經 80 多年的發展 RSS 在社會上號召力驚人，組織規模龐大
且完整，附屬於旗下的組織除上述外據統計約有 17-19 個。且 RSS
定期出版政策性的刊物，發表對當前政策的看法與批評，尤其是針

---

[28] "History," Ekal Vidyalayas(2012/5/1), http://www.ekal.org/.

[29] "At a Glance," Bharatiya Mazdoor Sangh(2012/5/8), http://www.bms.org.in/aboutus.htm.

[30] Padmaja Nair, ibid, p.27; Seva Bharathi(2012/5/9), http://www.sevabharathiap.org/index.html.

對少數民族政策與印巴、印中關係上。關於 RSS 當前主要的支持群眾，政大國關中心副研究員那瑞維（Raviprasad Narayanan）表示，RSS 主要的支持者來自印度高階種姓、一般受教育階級與中小企業或商人。

並且從 1951 年在戈爾瓦卡協助下成立的「人民同盟」、參與「人民黨」到獨立為「印度人民黨」（BJP），撼動對 INC 政治版圖，均顯示 RSS 在印度政治上的影響力不容小覷。簡言之，RSS 可謂印度教復興與推動印度教民族主義最主要、也最公開的宗教極端團體之一。

參、世界印度教議會

「世界印度教議會」（Vishwa Hindu Parishad，英譯為 World Hindu Council，以下簡稱 VHP），創立於 1964 年，同樣以建立印度教國家為最高目標，反對世俗的印度國。VHP 吸收各教派領袖與海外印度代表，致力於在全世界弘揚印度教法，透過整建印度廟、興辦印度教學校來推廣研讀梵文經典，大力推動各邦訂立禁止牛隻宰殺的法令並要求加重其刑責，同時提升落後下層階級的生活，強烈反對信眾皈依其他宗教，力求統合並增進印度教徒、印度社會團結，保護與宣揚印度的生活倫理與精神價值。

VHP 對印度教民族主義的推動一向扮演相當強硬的角色，尤其 90 年代在許多宗教社群衝突中均可見其身影與言論。他們明確的反對印度穆斯林，反對印度教徒與伊斯蘭教的接觸，不讓他們承租任何財產、禁通婚，認為他們是反國家的團體。當印度國家受到外國侵略或壓迫時，VHP 慣於聲稱印度教徒被外國侵略者所包圍，特別是受威脅印度教文明的伊斯蘭教徒所困。此外，VHP 的

最大功能就是在維繫與組織全球的印度教徒,使印度教徒盡可能維持印度教特性而有利於印度教的傳佈。然而,VHP 並非只是一個保守的教派組織,其亦主張宗教改革,提倡建立印度教徒社會的理想時,也堅持傳統行為必須迎合時代的演變,此一原則成功的讓低種姓族群認同與接受。[31]

　　VHP 近年影響力急速擴大,除了海外組織擴張,也積極吸收成員(尤其是低種姓階層),以證明其影響力。同時致力於思考組織未來的規劃藍圖,不論是在政策上與和 BJP 的合作上,該如何貫徹聯合家庭中「印度教徒特性」的執行與發展。

肆、印度青年民兵

　　「印度青年民兵」(Bajrang Dal,以下簡稱 BD)為 VHP 的青年軍,負責動員與執行組織命令,因此青年民兵常是宗教衝突的肇因者,或是 VHP 的突襲部隊。BD 主要成員為 15~30 歲的男性,組織成員必須接受嚴格的訓練,包括使用警棍、氣槍、劍等攻擊方式,這些訓練是公開的並且被支持與認可。青年民兵不諱言的表明,武裝性的訓練是針對在印度的穆斯林與基督徒,他們認為外來宗教改變了印度教的生活方式,對印度文化產生嚴重的威脅與迫害。[32]近年最嚴重且公開的攻擊發生在 2008 年夏天,印度青年民

---

[31] 巨克毅,同前引,頁 83。

[32] 愛德華・盧斯;張淑芳譯,《不願諸神:現代印度的奇怪崛起》(中國:中信出版,2007),http://data.book.hexun.com/chapter-1221-5-2.shtml,(2012/6/7 瀏覽)。

兵在奧里薩邦（Orrisa）大規模殺害 200 多名基督教徒，並焚燒教堂及基督教的相關組織機構。[33]

伍、濕婆軍黨

濕婆軍（Shiv Sena，以下簡稱 SS），1966 年於馬哈拉斯特拉邦（Maharashtra）組成，其領導人 Bal Thackeray 雖多次因宗教衝突事件被逮捕入獄，但至今仍統領該政黨，並活躍於印度選舉與各印度教民族主義活動中。濕婆軍黨起初是一個以孟買人（Mumbi）為基礎的小型組織，聲稱捍衛「土地之子」的權利，因此積極為馬哈拉斯特拉邦人爭取在城市工作的利益與權利。「濕婆軍」除了是一般的社會組織外，在 70 年代與 INC 關係匪淺，尤其是 INC 在地方上的勢力，1971 年首次參與地方選舉便與「國大黨（組織派）」（INC（O），又稱 Old Congress）組成聯盟，[34]儘管失敗，但仍在 1972 年的全國選舉上繼續合作；1977 年，SS 一反其他政黨批評英迪拉‧甘地的緊急命令，反倒是站在支持的立場，作為其對 INC 在選舉中的協助表達致意，雙方的合作持續到 80 年代初期。SS 與

---

[33] 〈印度基督徒社群遭連串襲擊〉，《BBC 中文網》（2010/12/29 瀏覽），http://news.bbc.co.uk/chinese/simp/hi/newsid_780000/newsid_784600/784622. stm；國際中心編譯，〈印度基督徒末日？極端派放火殺人〉，《今日新聞網》（2011/1/5 瀏覽），http://www.nownews.com/2008/09/24/334- 2340197. htm。該邦當時的執政黨恰巧是 BJP，雙方關係讓政府處理整件事的態度令人質疑。

[34] 國大黨首次分裂為 1969 年，主要是國大黨內部不滿英迪拉‧甘地的強勢統治方式，使政黨內部產生派系，英迪拉於是在 1969 年離開，自組 Congress（Requisition）或稱 Congress（Ruling），簡稱 INC(R)，而原來的國大黨就稱為 Congress(O)，「O」所代表的是「組織派」（Organisation）或「舊」（Old），由卡馬拉奇（Kumarasami Kamaraj）領導。

INC 合作除了基於他們在政治上的實力能助 SS 擴張外，另一個主要的原因在於 INC 認同 SS 的區域主義，不過基本上，與 INC 合作的 70 年代，SS 在全國選舉中未有斬獲，地方選舉上也沒有突出的表現。

　　該政黨得以延續其影響力，主要的支持來自地方上的中產階級，以及走向激進的印度教民族主義、關注伊斯蘭教議題有關。自 1980 年代開始，SS 發展為一個信奉「印度教徒特性」的極端印度教民族主義政黨。開始在地方快速擴張，並與具相同意識形態的政黨合作，1989 年 SS 因與 BJP 結盟而晉升成為國家型政黨，雖於 1989 年選舉中僅獲得一席，但 1991 年全國大選中，SS 提出 17 名議員候選人，並取得四個席位，得票率 9.4%（BJP 提 31 名候選人，獲得五席，得票率 20.2%），隨後幾屆的中央選舉也都獲有一定的席次。

　　更重要的是 1995 年，夾帶全國性大選優異的表現，SS-BJP 聯盟在馬哈拉斯特拉邦一舉獲得 138 票（兩黨分別得 73 與 65 票），擊敗 INC 成為該邦的執政黨。[35]也就是在 SS 執政時期，為了徹底去除殖民遺跡，邦政府要求將首都孟買由過去「Bombay」更改為「Mumbai」。[36]

　　以上介紹的組織都隸屬於印度教民族主義龐大集團──「聯合家庭」，他們從過去到現在主導並參與印度國內大小規模的宗教衝突，各組織的領導人也不時的提出激進的「印度教」沙文主義言論，視伊斯蘭教、基督教為印度社會的威脅等。此外，對 INC 主掌的國家宗教政策，如保障少數族群以及「表列種姓」（Scheduled

---

[35] E. Sridharan, "Coalition Strategies and the BJP's Expansion, 1989-2004," *Commonwealth & Comparative Politics*, Vol.43, No.2(2005), pp.201-202.

[36] Suhas Palshikar, "Shiv Sena: A Tiger with Many Faces?" in Peter Ronald deSouza and E.Sridharan ed., *op. cit.*, pp.253-279.

Castes，以下簡稱 SC）、「表列部落」（Scheduled Tribes，以下簡稱 ST）的平權政策都表達反對立場，[37]對外交政策、印巴關係，以及喀什米爾等領土議題上，更是不贊成任何對印度領土完整性具潛在威脅的決定。

「印度教民族主義」與「印度教徒性」（Hindutva）追求印度文化與國家的壯大，強調印度宗教的道德傳統，也一再重申甘地精神對印度復興的重要性，力求延續甘地倡導的在地、本土經濟模式、民族主義與愛國精神。許多政黨、政治人物也將甘地精神視為印度重要的本質，但就事實而言，在大多數情況下，當他們實行甘地精神時，卻是違背甘地最初的核心原則——「非暴力」（ahimsa），不論是 RSS、VHP、印度青年民兵，這些團體覺得印度人太過溫和與包容的特性已經變成懦弱，印度人應該要武裝、鍛鍊自我，將代表戰士、戰鬥的神視為英雄，要求政府對暴力事件表態。而近年隨著印度社會與經濟發展變遷快速，工作機會競爭激烈，當受過教育卻又失業的年輕階層將問題歸咎於保障政策與城市精英的影響時，他們變為印度教民族主義最容易動員的群眾。[38]

聯合家庭因共同的意識型態與精神而凝聚，在政策上相互補強與背書，行動上分工合作，並且透過不同的組織、部門如農民公會、印度勞工公會、VHP、RSS、BD 擴大水平的資源網絡，聯合家庭

---

[37] 印度獨立後延續英國殖民時期的種姓與階級政策，種姓中較低階級的登記為「表列種姓」（Scheduled Castes, SC）或稱「設籍種姓」；而「表列部落」（Scheduled Tribes, ST）或稱「設籍部落」是指不接受種姓制度的社群或居住在叢林、森林或偏遠山區的貧窮人民。此外，還有「其他落後階級」（Other Backward Classes, OBCs）或稱「落後階級」（Backward Caste, BC），係指屬於首陀羅的低種姓、改信奉其他宗教的人或從事犯罪行為為生的遊牧民族與部落。

[38] Dilip Simeon, "The Mirror of History," *Hindustan Times*(2012/4/16), http://www.amanpanchayat.org/index.php?option=com_content&task=view&id=96&Itemid=391

積極拓展教育、慈善單位，利用 Save Bharati、Ekal Vidyalays、全印度教教育學校等深耕底層民眾，從教育扎根印度教文化與思想，希冀提升其垂直的影響力。

第三節　印度人民黨

上述的組織除了「濕婆軍黨」從一個地方組織轉變為參與印度地方與中央選舉的政黨外，其他的 VHP、BD 等，都僅限於社會性的宗教民族主義組織。雖然他們在意識型態、組織動員和活動上有非常良好與嚴謹的訓練與教育，共同將印度教精神、印度教民族主義成功的傳承並擴散，但所影響的層面僅限於表達不滿、社會運動、暴力攻擊的方式彰顯其意識型態，並無法真的將其理念轉變為具體國家政策，或從法制面、政策面實現其印度教立國的目標。

然而，接續所探討的「印度人民黨」（BJP），一個以「政黨」型態出現的印度教民族主義組織。相對於「濕婆軍黨」，BJP 在全印度的支持度更高、更普及，並與其他印度教派組織關係密切，更遑論「聯合家庭」。BJP 是聯合家庭成員中最具影響性與最重要的成員之一，也是聯合家庭中最具政治權力的成員，唯有透過 BJP 獲得選民支持，在地方或中央執政才能顯現印度教民族主義在社會上的支持度與認同度。

BJP 同時是印度首位以「印度教」精神為基礎的政黨，究竟 BJP 是如何在這宗教民族主義意識型態旗幟下創立，凝聚聯合家庭的認同與支持，逐步邁向全國性政黨、更進一步執政？

壹、人民同盟時期

一、RSS 支持下創立

　　建立「印度教國家」（Hindu Rasthra）向來是聯合家庭、廣大印度教民族主義者、「印度教徒特性」信奉者的終極理想，為了不讓夢想只淪為口號，RSS 開始覺得要有具體的政治實力以達到目標，此一概念受到外圍組織和年輕的志願服務者的支持與鼓吹。1951 年在 RSS 領導人戈爾瓦卡的支持下，慕克吉（S. P. Mookerjee）於加爾各答（Kolkata）成立了「印度人民同盟」（Bharatiya Jana Sangh 或稱 Jana Sangh，簡稱 BJS 或 JS，以下稱「人民同盟」（JS））。

　　慕克吉是尼赫魯政府時期的工業暨供應部長（Minister for Industry and Supply）、「印度教大齋會」的領導人，為了對抗穆斯林社群的擴大，並對於巴基斯坦與東、西孟加拉領土問題爆發後感到憂慮，因而希望成立一個新的政黨，幾經努力後終於獲得 RSS 的支持。

　　政黨成立後，RSS 成為政黨中的主導勢力，舉凡黨員的訓練、組織的規範、架構都由 RSS 掌控，RSS 的資深領導人、年輕成員都成為「人民同盟」的核心幕僚。穆克吉卸任後，由烏帕德亞亞（P. D. Upadhyaya）接任主席，烏帕德亞亞在任時刻意排斥「非 RSS 成員」，也是由此時期開始 JS 中的領導階層與幹部身分存在著須具備 RSS 身分的不成文規定，此一規定仍影響至今的 BJP 領導階層。而 JS 正式邁向政治軌道、能媲美 INC 實力或能被視為政治敵手是在德拉斯（Balasaheb Deoras）帶領下，真正將 JS 與聯合家庭和其他組織更緊密結合、調動資源與人力，帶動 ABVP、BMS、VHP 等附屬組織參與政治活動。[39]

---

[39] Padmaja Nair, *op. cit.*, pp.31-32.在該文章中亦指出，在 RSS 主導下的 JS 引

　　「人民同盟」就政策立場基本上無異於 RSS 的主張，追求印度教民族主義、反對印度對穆斯林的溫和政策，反對憲法 370 條給予喀什米爾地區特殊地位規定等；地方選舉上，「人民同盟」支持者以城市的學生、商人高種姓、中低階級（class）和政府職員為主，主要勢力為中央邦（Madhya Pradesh）、哈里亞納（Haryana）、北方邦（UP）、拉賈斯坦（Rajasthan）與比哈爾邦，1952 年首次參與國家大選即獲得 3 個席位，穆克吉為其一。[40]

二、加入「人民黨」政治聯盟

　　在「人民同盟」時期除了有以穆克吉為首，自 INC 出走的成員外，在許多議題上人民同盟都需要借重其他「反國大黨」或保守右翼的政黨勢力，如當時 Swatantra Party、Samyukta Socialist Party 等壯大其政治版圖。1977 年第六屆大選中，由於社會對英迪拉‧甘地（Indira Gandhi）主導的「國大黨（英）」（INC(I)）[41]政府集權、專斷態度不滿，「人民同盟」結合其他政黨，包括「印度民眾黨」（Bharatiya Lok Dal，英譯為 Indian Peoples' Party，以下簡稱 BLD）[42]、INC(O)與其他社會主義政黨成立了「人民黨」（Janata Party，英譯為 People's Party，以下簡稱 JP）。

發非 RSS 黨員的反彈，尤其在管理上的不滿，但同時也有學者認為，就是因為 RSS 的主導，JS 才有可能成為如此大規模的政黨組織，同樣的 RSS 也靠著 JS 的創立才有機會獲得夢寐許久的政治權力。

[40] Myron Weiner, *op. cit.*, pp.138-140.

[41] INC(I)所代表的是國大黨英迪拉派（*Indira*）。此派系的前身為 1969 年分裂所產生 Congress(R)。國大黨 1977 年第二次分裂，英迪拉籌組了 INC(I)贏得大選，但最後遭人民黨（JP）倒閣成功。

[42] 「民眾黨」是一個代表農民階級落後種姓為主的政黨，於 1967 年國大黨領

　　1977 年甘地夫人發布緊急命令後讓「人民黨」（JP）贏得政權，此政黨聯盟在該大選 542 席議員中獲得 298 席，由 INC(O) 當時領導人德賽（M. R. Desai）和 BLD 領導人查蘭·辛格（C. C. Singh）前後擔任總理。此一聯合政府的成功，除了因反 INC 的立場明確獲得青睞外，也因為他們不斷重申維持甘地的社會主義與世俗路線，獲使印度穆斯林社群期待此一新政府能為他們的安全與生活帶來更多的保障與安定，進而將選票投給人民同盟。[43]

貳、人民黨分裂──印度人民黨成立

　　1977 年人民黨在本於革新與堅持世俗主義的口號中執政，但此一龐大的聯合政府在執政兩年後，就因內部意見分歧與派系鬥爭面臨分裂與衝突的危機，而此衝突的原因同時也是 BJP 成立的主要背景。

　　值得注意的是，「印度民眾黨」（BLD）的統領下，JP 聯盟成員間的競爭、派系衝突與政見分歧危害整體的團結與互信基礎，加上 1978 年印度北方發生多起宗教衝突如哲雪舖（Jamshedpur）、阿里格爾（Aligarh）和瓦拉納西（Varanasi），政府行政效率與處理國家治安問題的能力受到質疑，以及經濟政策與民生問題管理失當等，最後造成 1979 年 7 月人民黨分裂，「人民黨」政府遭英迪拉·

　　導人 Charan Singh 籌組成立，原為 Bharatiya Kranit Dal，簡稱 BKD。此政黨在地方選舉獲得許多選民支持，成為國家第二大黨，包括比哈爾邦（Bihar）、哈里亞納（Haryana）、拉賈斯坦（Rajasthan）以及奧里薩（Orrisa）等北印度邦。1977 年改名為 Lok Dal 和人民同盟等政黨組成「人民黨」（JP）執政，目前為印度第三大黨。

43 Bruce D. Graham, "The Challenge of Hindu Nationalism," in Peter Ronald deSouza and E.Sridharan ed., *op. cit.*, pp.156-157.

甘地領導的反對黨 INC（I）提出不信任案而取代，人民同盟首次參與中央的執政也只是曇花一現。[44]

　　除了各政黨意見分歧外，權力的競爭也是造成人民黨分裂的關鍵之一。「人民黨」在中央選舉上是一個多政黨合作的選舉政治聯盟，但在地方選舉中，聯盟內各政黨仍是各自發展，此時「人民同盟」支持者主要以高種姓、地主、中產階級、知識分子為主，加上其原有的印度教民族主義意識型態使其影響力大增，如此的發展態勢漸漸威脅到「人民黨」內其他政黨的地方勢力。[45]

　　因此在 BLD 主導下，人民黨面對結盟的不穩定與顧及未來發展方向，並且要向大眾證明該政黨為一個世俗主義的政黨，因此希望整個政黨聯盟能與 RSS、印度教民族主義意識型態脫鉤。故 1980 年 3 月由德賽執政時的副總理 Raj Narain 下令，凡屬該人民黨議員，均不得參加 RSS 任何活動，並應避免涉入教派組織及相關活動。此一命令的發布對於「人民同盟」來說，無疑具重大的影響，由於該政黨最初就是倚靠 RSS 支持而成立，大多數的黨員也都同屬 RSS 的成員，因此面對 JP 的要求，人民同盟內部引起相當大的激辯，多數人都反對此要求。而當時擔任人民同盟領導人的瓦傑帕伊（A. B. Vajpayee）帶領「人民同盟」與人民黨內的反對勢力於 1980 年 4 月 5 日宣佈退出「人民黨」，另組「印度人民黨」（BJP）。[46]

　　1980 年 BJP 成立後，首位主席為瓦傑帕伊，BJP 對於本身政黨的走向、意識型態的主張便不受拘束，開始不斷公然地動員印度教徒來挑釁穆斯林社群及伊斯蘭象徵，強調所謂「印度教徒」的獨特性。BJP 成立之初主要的影響勢力為相對落後的北印度及西部，這些地區經濟發展落後、受教程度低，相對傳統保守，容易受民族主義影響與號召。

---

[44] 孫士海、葛維鈞，前揭書，頁 194。
[45] Zafar Ahmed, *op. cit*, p.133.
[46] Bruce D. Graham, *op. cit.*, p.158.

圖 3.6　BJP 黨部正門，拍攝於新德里 2012/2/10。

圖 3.7　BJP 三位黨主席，左至右分別為：阿德瓦尼（L. K. Advani）、瓦傑帕伊（A. B. Vajpayee），及現任黨主席加德卡里（N. Gadkari）。

參、BJP 與聯合家庭

BJP 的創立到發展得以如此順利和其身為聯合家庭的一員關係密切。如同前面 Ted Gurr 所說的，在一個組織中享有共同的背景、意識型態與價值信念，用同樣的組織語言、故事和訴求將會使組織的認同增加，當組織內的認同建立，勢必會提高成員對 BJP 此政黨的支持，是故觀察 BJP 與 RSS、VHP、濕婆軍黨等組織的合作將可發現 BJP 如何運用聯合家庭的力量，創造政黨的認同與支持度；而政策上的相互配合、行動上的分工與協助讓聲稱各自獨立的組織運作不攻自破，聯合家庭正面的作用讓 BJP 在特定地區快速爬升；但家庭的包袱卻又成為該政黨擴張的制肘。

一、BJP 與 RSS

（一）意識型態分合

從「人民同盟」（JS）的成立背景就可知 RSS 與 JS/BJP 的關係絕對比與其他聯合家庭成員更密切與複雜。在 JS 時期，BJP 與 RSS 基本上是一個互利共生的關係，RSS 為了取得政治上的權力施展抱負，要有 JS 這一個政黨組織作為媒介，JS 則需要 RSS 強大的組織成員作為選票基礎，才得發揮其政黨功能，獲得執政機會。RSS 與 JS 的互補性與互助、JS 對 RSS 的推崇在烏帕德亞亞領導政黨時期可看出端倪。

但雙方的關係從 1980 年 BJP 成立時開始發生變化。經歷人民黨的教訓，BJP 起創時不論在政策或形象上都希望保持中間的溫和

態度，因此在 1984 年之前一直不希望與 RSS 關係太緊密，反而是努力與其他政黨結合成為一個強大的「反國大黨陣線」，經營地方上選舉的行動表現的甚至比人民黨時期還積極。但初期的中間路線仍贏不過甘地夫人當時的穆斯林牌與印度教牌，而使 BJP 再轉回聯合家庭的懷抱。

BJP 與 RSS 的關係也不再是百依百順，對 BJP 來說它們需要的是一個有「自主性」（autonomy）的關係，畢竟 BJP 面對的是組閣的壓力，BJP 知道必須要有具「彈性」的身段與政策才得與其他政黨合作；不過對 RSS 而言，他們希望可以繼續控制 BJP 作為他們的理念政策執行者，如同 RSS 附屬下的勞工公會（BMS）、農民組織（Bharatiya Kisan Sangh，以下簡稱 BKS）[47]、全印度教學校（VB）一樣。在此一情況下，一方要淡化「印度教徒特性」以延續其執政，另一方卻認為要加強「印度教徒特性」才可獲得人民的支持，RSS 與 BJP 間的衝突與摩擦就此產生。[48]然而，近年雙方關係轉淡，也可從 BJP 成員身分看出，在 JS 時期 90%的 BJP 成員都是 RSS 的一份子，但至近年僅有 60~70%。[49]

（二）政策面的配合

RSS 一向自詡為一個文化性的團體，而 BJP 是一個政治、經濟性的政黨組織，兩者的性質與目的不同也各自獨立。但尤其在 BJP 早期，RSS 可說是 JS/BJP 的政策顧問，儘管雙方從未公開的說明，甚至相互否認有政策上的關聯，但事實上 RSS 所主張的政

---

[47] 此一組織為 RSS 附屬機構之一，主要在確保農民權益與穩定農作物價格。BKS(2012/6/7), http://bharatiyakisansangh.org/.

[48] Padmaja Nair, *op. cit.*, pp.46-49.

[49] Partha S. Ghosh, *op. cit.*, p.380.

策與論點常恰巧成為 BJP 的政策，且執行相當好。在地方上更是如此，BJP 得快速在地方發展其政治實力，RSS 絕對是相當種要的助力，相對的 RSS 得快速地擴張 BJP 功不可沒。

　　但自 1997 年至今，雙方的關係轉淡後，政策面上的默契不如同過往，RSS 會因 BJP 溫和的政策而提出反對，尤其在經濟與內政上，當 BJP 朝向市場經濟發展時，RSS 會表達不滿，並且轉向對特定社群的攻擊、批評，但就目前來說，雙方仍有一定基礎的合作，尤其在地方政府上。

　　此外，BJP 與 RSS 在外交政策上除了立場相似外，甚至一同出席訪問行程，使雙方的關係在外界看來更是有不可分割的代表性。2011 年 4 月 21 日 RSS 總負責人印迪雷西·庫瑪爾（Indresh Kumar）和 BJP 前秘書長戈文德·阿查雅（Govind Acharya）率領共 5 名代表前往西藏流亡政府所在地達蘭薩拉（Dharmsāla），並發言表達對中國在印度周邊領土行動的不滿，呼籲人民「抵制一切中國商品」；並且認為在經濟上，中國商品滲透進印度，對印度的製造業、安全、健康以及環境造成嚴重影響，所有印度公民應作為一種愛國主義的表現，共同抵制使用中國產品。[50]

二、BJP 與 VHP

　　VHP 是聯合家庭中相當激進的成員之一，早期與 BJP 的關係良好，BJP 也相當支持 VHP 1990 年的阿瑜陀建廟行動。在 1996 年的選舉中，VHP 提出了 40 點的「印度教議程」（Hindu aganda），

---

[50] 〈印度 RSS 代表團對阿壩局勢表關注〉，《挪威西藏之聲》（2012/5/26），http://www.tibet.org.tw/news_detail.php?news_id=1892。

其中包含了對阿瑜陀廟訂立新的法規、提倡給予舉辦印度宗教活動扣抵所得稅的規範等，在執政的 BJP 就將部分的議程、規劃納入他們的選戰政策。

但每當於選舉時，BJP 淡化印度教徒特性、走向溫和時，VHP 就會相當不滿，認為 BJP 缺乏原則。現在 BJP 與 VHP 的關係比起 RSS 更加疏遠，並且 BJP 會希望 RSS 能適時的控制、約束 VHP 的言論與行為，VHP 對 BJP 的批評也相當直接與激烈。[51]

三、BJP 與 SS

BJP-SS 的政黨結盟自 1987 年至今，雖然兩方都是「印度教徒特性」的信奉者，但 SS 相對而言更加虔誠、更反對賤民權利的提升。SS 與 BJP 合作走向全國性政黨，但 SS 主要還是限縮在「邦主義」（Provicialism），影響力仍以馬哈拉施特拉邦為主，並未完全擴大成為全國性的政黨。儘管如此，SS 與 BJP 政黨的結盟，確保了 SS 在中央一定比例的席位，又因為屬於結盟和合作的關係，當 SS 過度強調其意識型態，或太失控時，BJP 會適時的出面制止或呼籲其領導人自制。

BJP 與 SS 在阿瑜陀事件的態度也不一致，BJP 在選舉時強調建廟的決心，但 SS 則持保留的態度。因為他們認為在該地蓋一棟國家紀念館，反而是對 BJP1998 年的選舉有不好的影響。近年來雙方在合作上遇到瓶頸，地方上的選舉敗在 INC 聯盟手中好幾年，中央選舉兩黨席位分配數出現摩擦，因為 BJP-SS 在中央席位分配比例上，1996 年 28：20，至 1998 年因 SS 的修正，改變

---

[51] Partha S. Ghosh, *op. cit.*, pp.385-386.

為 26：22，BJP 面對這樣的調整，與 SS 的野心相當不滿，因此如何突破在地方與中央居於反對黨的角色，成為當前兩黨相當重要的課題。[52]

四、BJP 與其他印度教組織與團體

與 BJP 關係密切的印度教組織其一稱為「神之子」（Sadhus）或稱「神人」（God-man），中譯為「苦行僧」。他們是印度教中的聖人，1989 年 BJP 開始討論「神之子」在黨中的地位與角色，1991 年 BJP 中有 120 位神之子，BJP 的議員中有 22 位。他們與 BJP 在阿瑜陀事件中的關係相當緊密，因為事件爆發後多數 BJP 領導人被逮捕，從各地聚集而來的「神之子」成為領袖繼續領導群眾完成運動，最後有 86 位神之子在事件中被逮捕，但事實上在印度政治中包括 INC、JD 都曾嘗試「神之子」有連結。[53]

此外，許多聯合家庭成員未必會主動或直接與 BJP 聯繫或合作，大多數外圍的組織主要仍是透過 RSS 負責牽線與溝通，RSS 在聯合家庭中的影響力與號召力，甚至大過於 BJP。就如同筆者訪問紐西蘭奧克蘭大學政治系（Department of Political Studies Auckland University）講師他堅定、認真的表示：「BJP 如果沒有了 RSS 將無一是處（*nothing*）。」[54]

就如同其他成員間，除了在成立初期合作較頻繁外，BJP 與聯合家庭的各成員都刻意保持距離，就連與 BJP 有直接關聯的 SS 雖

---

[52] Ibid, pp.391-396.
[53] Ibid, pp.386-387.
[54] 於 2012 年 5 月 12 日以網路視訊進行訪談，專訪其對 BJP 及 RSS 關係的看法與觀點及 BJP 當前的挑戰。

是政治聯盟，但也常有意見相左、相互批評的時候；而與 RSS 則
仍是一個非常曖昧、矛盾的盟友，儘管 RSS 知道 BJP 在選舉中的
為難，刻意與其保持距離，但互助、互利的同時卻也背著同樣沉重
的包袱。

第四節　1980-1999 年：執政方程式

瞭解印度教民族主義與 BJP 的關聯後，緊接著進一步分析 BJP
如何運用這樣的意識型態與群眾優勢而執政。從「制度面」著手了
解制度在促成宗教型政黨快速發展中的角色，同時將當時的群眾認
同、政治、社會環境納入，一併分析與考量，探討 BJP 如何在 18
年的努力與學習下成功執掌中央。

壹、選舉制度與政治環境

1980 年甫成立的 BJP，相較歷史悠久且對印度建國佔重要角色
的 INC 相比，沒有人認為它的支持率可以在短時間超越 INC。1984
年 BJP 首次參與國會大選僅得兩個席位，但從 1989 年獲得 86 席開
始，伴隨印度教民族意識的復興達頂峰，BJP 的支持度以倍數成
長。1991 年第十屆大選就獲得 120 席，成為僅次 INC 的第二大黨；
1996 年旋即以 161 席成為國會第一大黨。（參照表 3.1）姑且不論
BJP 是否得以成功組閣，在成立不到 20 年的時間內，BJP 就成為
能媲美 INC 勢力的全國性政黨，在地方性選舉上，BJP 勢力也從印
度北部、西部擴及到印度南部與東部。

　　歸結 BJP 能快速的從地方到中央選舉得到具影響力席次的原因，主要與印度的選舉制度和 BJP 選舉策略、選民結構有關。

表 3.1　1984~2009 年 INC 與 BJP 下議院（Lok Sabha）選舉表現

年次（屆）	總席次：543	
	國大黨 （獲得席次／參選席次）	印度人民黨 （獲得席次／參選席次）
1984 (8)	404 / 491	2 / 224
1989 (9)	197 / 510	85 / 225
1991 (10)	232 / 487	120 / 468
1996 (11)	140 / 529	161 / 471
1998 (12)	141 / 477	182 / 388
1999 (13)	114 / 453	182 / 339
2004 (14)	145 / 417	138 / 364
2009 (15)	206 / 440	116 / 433

資料來源：Election Commission of India。筆者繪製整理。

一、選舉制度與策略

　　印度採用的選舉制度為「單一選區相對多數決制」（single-member district, simple plurality，以下簡稱 SMSP），此制度下候選人在該選區內獲得相對較多的選票，即可勝選，勝選門檻相對低，且容易激發聯合內閣的形成。原本不利小黨生存的 SMSP，在內閣制的國家中，若沒有一個政黨能獨大，或是中小型政黨想挑戰最大黨，各政黨將集結多數小黨成為聯盟，共同推派候選人，吸引不同區塊、政黨間的選票，如此一來增加他們勝選的機會，就能加速政黨的發展。因此小型新興政黨只要能與其他政黨協商結盟，在

內閣席位、候選人數協商完成後，組成選舉聯盟，為獲得更多數的選票而合作，中央選舉就算各政黨並非在同一個邦，且意識型態沒有太大分歧，都有合作機會，政黨發展的速度也會相當驚人。[55]

　　透過政黨聯盟，追求聯盟整體獲得過半多數席次，就可以籌組政府，小黨因結盟而協商有很大的機會能入主內閣。因此，結盟的政黨通常會對籌組聯盟具以下考量：該政黨的競爭力、該政黨在此次選舉中的作用、該政黨對未來籌組政府的重要性，以及席次上的分配與考量。短期的選舉利益往往大於長期的政黨聯盟利益，意識型態與理念並不會是首要的篩選對象，且如果該組政黨結盟，在地方選舉上的表現、合作狀況理想，聯盟的合作就有可能跨越邦的範圍。[56]

（一）與地方政黨合作順利，勢力快速擴張

　　80 到 90 年代在印度各邦的政黨勢力分布中，BJP 僅多為第三大黨，位居前一、二的通常是 INC（或 INC 派系、同盟）、人民黨（JD）以及當地的「地區性政黨」，如在馬哈拉斯特拉邦的 SS（濕婆軍黨）、哈里亞納（Harayana）的「哈里亞納發展黨」（Haryana Vikas Party，英譯 Haryana Development Party，以下簡稱 HVP）、旁遮普（Punjab）的錫克教政黨「阿卡利黨」（Shiromani Akali Dal，以下簡稱 SAD）等。BJP 要能快速的增加其在地方議會的席次，基本策略就是與該邦第一、二大黨合作（INC 除外），其餘的第三勢力通常是外部支持者。透過精密的選票計算、席位分配等權力誘因，BJP 在 1989 到 2004 年地方性選舉成功的在印度各邦獲得關注，地方實力也逐漸與 INC 不相上下。

---

[55] E. Sridharan, *op. cit.*, pp.195-197.
[56] Ibid, pp.194-197.

　　地方政黨聯盟成功的例子，如比哈爾邦（Bihar），1990 年邦議會選舉時，該邦最大黨為「人民黨」（JD），獲有 121 個邦議會席次，而脫離 JD 的 BJP 僅有 39 席，為最小政黨，至 1995 年選舉時 BJP 只小漲至 41 席，但此時的 JD 和共產黨結合，共獲得 193 席。在此之前，單打獨鬥的 BJP 在比哈爾一直未有執政的機會，直到 2000 年 BJP 與 JD 的分支「Janata Dal （United）」（以下簡稱 JD（U））、「平等黨」（Samata Party，SAP）結盟，三黨聯盟分別得到 66、21、34 共 121 席，BJP 反倒成為聯盟中的最多數黨並執政。[57]

　　另一 BJP 聯盟成功案例是克納塔克邦（Karnataka），1989 年該邦為 INC 佔 178 席一黨執政的邦，BJP 當時僅有 4 席，1990 年雖激長 10 倍獲得 40 席，但仍沒有執政的力量，到 2004 年 BJP 和 JD（U）聯合共得 84 席，INC 只獲 65 席喪失執政權，BJP-JD（U）聯盟成為該邦執政黨。[58]儘管不是最大黨，但透過聯盟的形式 BJP 在許多邦都能成為執政黨如旁遮普與安德拉邦（Andhra Pradesh，簡稱 AP）。在旁遮普與「阿卡利黨」（SAD）的結盟 BJP 的票數始終中少於 SAD，但 BJP 仍因與 SAD 結盟故能在 1997 年成為該邦執政黨。

　　然而聯盟失敗經驗也無法避免，如西孟加拉邦（West Bengal），在共產黨長期經營下，BJP 無法獨自參選而獲得任何一席位，甚至無法找到可結盟的政黨，與西孟加拉相似的情況也發生在南印度的泰米爾納度邦（Tamil Nadu），泰米爾納度一直由「達羅毗荼進步聯盟」（Dravida Munnetra Kazhagam，以下簡稱 DKM）及「全印安

---

[57] Janata Dal (United)、Samata Party 都是 Janata Dal 出來的分支派系；2000 年 JD 又分裂出國家人民黨稱為「Rashtriya Janata Dal」，譯為 National People's Party，簡稱 RJD。該次選舉 BJP-JD(U)-SAP 聯盟獲得 121 席，僅次 RJD-CPI(M)（印度共產黨（馬克思主義））聯盟的 126 席。

[58] E. Sridharan, ibid, pp.205-207,210, 214-215.

納達羅毗茶進步聯盟」（All-India Anna Dravida Munnetra Kazhagam，以下簡稱 AIADMK）兩黨輪流執政，BJP 勢力一直無法進入，BJP 與 INC 都只能依附在這兩黨中生存。[59]

表 3.2　BJP 地方選舉表現比較（比哈爾邦、克納塔克邦、旁遮普省、奧里薩邦、哈里亞納）

年次	BJP 或聯盟	席次	當時最大黨（席次）
比哈爾邦			
1990	BJP	39	JD(122)
1995	BJP	41	JD-CPI(167-26)
2000	BJP-JD(U)-SAP	67-21-34	RJD-CPI(M)(124-2)
克納塔克			
1989	BJP	4	INC(178)
1994	BJP	40	JD(114)
1999	BJP-JD(U)	44-18	INC(132)
2004	BJP-JD(U)	79-5	BJP-JD(U)
旁遮普			
1992	BJP	6	INC(87)
1997	BJP-SAD	18-75	BJP-SAD
奧里薩邦			
1990	BJP	2	JD-Left(123-6)
1995	BJP	9	INC(80)
2000	BJP-BJD	38-68	BJP-BJD

---

[59] DMK 前身是 1944 年成立的「達羅毗茶聯盟」（Dravida Kazhagham，簡稱 DK），1949 年由 DK 分裂出 DMK。1972 年身陷貪污被中央解散，分裂出 AIADMK。此二政黨主要是代表南方勢力、南方文化的政黨，以泰米爾族為主，主張泰米爾主義（Tamil nationalism），反對以北印度為主的統治中心，拒將印地（Hindi）轉為印度第二官語，因為擔心會使泰米爾語族失去進入公職的機會。

哈里亞納			
1991	BJP	2	INC(51)
1996	BJP-HVP	11-33	BJP-HVP
2000	BJP-INLD	6-47	BJP-INLD

資料來源：E. Sridharan, "Coalition Strategies and the BJP's Expansion, 1989-
2004," *Commonwealth & Comparative Politics*, Vol.43, No.2(2005),
pp.203-208, 214; Election Commission of India。筆者繪製整理。

（二）地方結盟複製到中央選舉

地方結盟策略的成功，也同時反映在中央選舉上。比較 BJP
自 1989 年開始，地方與中央選舉的得票可發現，若 BJP 於該次地
方選舉聯盟中得票有所成長，則同樣的選舉聯盟就會被運用到中央
選舉上，反之亦然。以安德拉邦（AP）為例，1989 年 INC 為該邦
的第一大黨，第二大黨為「泰盧固之鄉黨」（Telugu Desam Party，
以下簡稱 TDP），1989 年邦議會選舉中，TDP 與 BJP 及左派政黨
聯盟，TDP 獲 74 席、BJP 和左派政黨分別有 5 席與 14 席，聯盟整
體所獲都不敵 INC 的 181 席；同年的中央下議院選舉，TDP-BJP
聯盟中 BJP 未獲席位，而 TDP 僅得 2 席，此次失敗經驗讓 BJP 之
後幾次選舉都未與 TDP 合作。直到 TDP 在安德拉邦的勢力越來愈
大，漸漸超過 INC 後，1999 年 BJP 才再度與 TDP 結盟，BJP 在此
地方選舉中和 TDP 各得 12 與 180 票，成功的晉升為該邦執政黨之
一，此一結盟也就延續至同年的中央選舉，在該次選舉中 BJP 提名
8 位，獲得 7 席，TDP 提 34 位獲得 29 席，為該邦得席次最多政黨
聯盟。

同樣由地方成功的合作經驗複製到中央的政黨，還有在馬哈拉
施特拉邦與 SS 自 1989 年開始的合作、旁遮普與 SAD 自 1996 年結

盟，BJP 和這兩個政黨在中央與地方選舉長期合作，而哈里亞納
1996 年 BJP 與 HVP 在地方選舉合作成為最大黨，也在同年的中央
選舉中合作，兩黨在總席次十席中獲得 7 席（BJP 獲 4 席；HVP
獲 3 席），但在 1998 年 12 屆選舉中兩黨各獲一席，表現不如預期，
1999 年 BJP 轉向與「印度全國民眾黨」（Indian National Lok Dal，
以下簡稱 INLD）合作，雙方各獲五席，拿下該邦所有席次，隔年
2000 年的地方選舉，兩黨再度合作下創下佳績。[60]

　　1998 年 AIADMK 的背叛，BJP 政府遭二度倒閣，儘管 1999
年改選前 BJP 已是全國最大黨，但為了維持既有的權力與實力，並
擴大在地方上的勢力，仍大動作的與各地方政黨結盟。因此 BJP
除了在既有的勢力範圍如古吉拉特、拉賈斯坦與中央邦（含現在的
恰蒂斯加爾）[61]、賈坎德邦獲得了全印度 17% 的選票，占 BJP 總得
票的 36% 外，[62] 過去並無太多優勢地的區如泰米爾納度邦、安德拉
邦、馬哈拉施特拉與比哈爾 BJP 表現雖不突出，但都因為 1998 年
五月成立「全國民主聯盟」（NDA），1999 年以選舉聯盟形式加入
選戰，才使 BJP 成為該地區的最大贏家。

　　以泰米爾納度來說 NDA 聯盟包含 DMK、Pattali Makkal Katchi
（PMK）、Marumalarchi Dravida Munnetra Kazhagam（MDMK）和
MGR Anna Dravida Munnetra Kazhagam（MGR-DMK）四黨共計席
22 席，BJP 得 4 席，整體合計 26 席為該邦最大黨。[63]奧里薩邦，

---

[60] E. Sridharan, ibid, pp.202-205, 212-213.

[61] 恰蒂斯加爾（Chhattisgarh）是 2000 年 11 月 1 日由中央邦的東南部切割出
　　來。以恰蒂斯加爾語為官方語言，該邦為印度第 26 個邦，居全國第 10 大。

[62] 其中 BJP 在古吉拉特邦中獲得 53% 的支持，而拉賈斯坦也有 49% 的高得票。

[63] Bertrand Lefebvre and Cyril Robin, "Pre-electoral Coalitions, Party Systemand
　　Electoral Geography: A Decade ofGeneral Elections in India (1999-2009),"
　　South Asia Multidisciplinary Academic Journal(SAMAJ), Issus No.3(2009),
　　(2012/5/30), http://samaj.revues.org/index2795.html; Wikipedia "Indian general

BJP 在該邦中原本僅得 9 席，未達總席次 21 席的過半多數，但與「勝利人民黨」（Biju Janata Dal，以下簡稱 BJD）聯手，BJD 獲得 10 席，共計 19 席，使奧里薩邦也成為 BJP 勢力範圍。在比哈爾也是與 SAP、JD（U）合作才能在中央與地方一直穩定成長，直到 2005 年後超越 RJD，漸漸穩固在該邦的勢力。[64]

　　NDA 一聯盟雖在 1998 年選後才正式成為選前政黨聯盟，但在 1996 年、1998 年政黨聯盟的合作就已開始，並且靠地方聯盟成功的經驗轉戰中央，BJP 在連續三年（1996-1999 年）的選舉中不斷找尋、調整可合作、結盟的對象，成功的在聯合內閣、SMSP 的遊戲規則中穩固、擴張聯盟整體的實力，最終在 1999 年中央選舉讓 NDA 三度創下優異表現。

election, 1999," (2012/5/30), http://en.wikipedia.org/wiki/Indian_general_ election,_ 1999.

[64] Election Commission of India; Indian Election Affairs, General Elections 2009(2012/6/10), http://electionaffairs.com/GE2009/ge2009.html.

表 3.3　BJP 下議院選舉各邦得票對照（1991 年~1999 年）

邦（總席次）	1991 (10th)	1996 (11th)	1998 (12th)	1999 (13th)
安德拉(42)	1	X	4	7
阿薩姆(14)	2	1	1	2
比哈爾(54)	5	18	20	23
果阿(2)	X	X	X	2
古吉拉特(26)	20	16	19	20
哈里亞納(10)	X	4	1	5
喜馬偕爾(4)	2	X	3	3
查謨－喀什米爾(6)	X	1	2	2
克納塔克(28)	4	6	13	7
喀拉拉(20)	X	X	X	X
中央邦(40)	12	27	30	29
馬哈拉施特拉(48)	5	18	4	13
奧里薩(21)	X	X	7	9
旁遮普(13)	X	X	3	1
拉賈斯坦(25)	12	X	5	16
泰米爾納度(39)	X	12	3	4
北方邦(85)	51	52	57	29
西孟加拉(42)	X	X	1	2
安達曼－尼科巴群島(1)（Andaman &Nicobar Island）	X	X	X	1
昌迪加爾（Chandigarh）(1)	X	1	1	X
達曼－第烏（Daman&Diu）(1)	1	X	1	X
達德拉－納加爾哈維利(1)（Dadra & Nagar Haveli）	X	X	1	X
德里(7)	5	5	6	7
總計	120	161	182	182

資料來源：Election Commission of India。灰底標記之邦，代表 BJP 倚靠 NDA 聯盟政黨而為最大。筆者整理繪製。

表 3.4 NDA1999 年 13 屆下議院選舉聯盟

政黨	席次	邦（總席次）	BJP 席次
Bharatiya Janata Party (BJP)	182		
Biju Janata Dal (BJD)	10	奧里薩(21)	9
All India Trinamool Congress (AIATMC)	8	西孟加拉(42)	2
Himachal Vikas Congress (HVC)	1	喜馬偕爾(4)	1
Indian National Lok Dal (INLD)	5	哈里亞納(10)	5
Janata Dal (U)	3	克納塔克(28)	7
	18	比哈爾(54)	23
Jammu & Kashmir National Conference	4	查謨－喀什米爾(28)	2
Lok Tantrik Congress	2	北方邦(85)	29
MGR-ADMK	1		
Marumalarchi Dravida Munnetra Kazhagam (MDMK)	4	泰米爾納度(39)	4
Pattali Makkal Katchi (PMK)	5		
Dravida Munnetra Kazhagam (DMK)	12		
Manipur State Congress Party (MSCP)	1	曼尼普爾(2)	0
Shlv Sena	15	馬哈拉施特拉邦(48)	13
Shiromani Akali Dal	2	旁遮普(13)	1
Sikkim Democratic Front	1	錫金(1)	0
Telegu Desam Party	29	安德拉邦(42)	7
總計	303		

資料來源：Election Commission of India, General Elections, 1999 (13th Lok Sabha); Andrew Wyatt, "Elections In India,1999-2000 The BJP Makes Slow Progress," *The Round Table*,Vol.360 (2001), p.383。筆者整理繪製。

二、地方性政黨興起

　　綜觀 BJP 能在短期內影響力擴及各邦與中央，除了投票制度設計的關係外，時逢地方政黨勢力興起，選舉聯盟發揮作用，BJP 成功與不同具影響力的地方政黨合作，是一個重要因素。過去印度選舉中，地方勢力並未受到重視，地方、區域型態政黨的影響力在 1989 年才開始醞釀，並在 1996 年後成為全國性政黨選舉時戰略佈局不可或缺的部分。60 年代中期開始，INC 在沒有尼赫魯的領導下漸漸失去主導中央的獨佔力量，但國內也沒有一個政黨能完全取代其地位，中小型政黨與此時開始萌芽，新興政黨大部分基於「反國大黨」而起，這些也政黨開始帶有區域性、種姓化、宗教化的趨勢，舉凡上述的「泰盧固之鄉黨」（TDP）、「阿薩姆人民聯盟」（Asom Gana Parishad，以下簡稱 AGP）等，都是在這時期興起。

　　初期這些政黨並不被重視，影響力也有限，直到 BJP 的成立與日漸上軌道，BJP 成為這些興新政黨的新選擇，不再是只有被迫跟隨 INC 路線的無奈。[65] 80 年代開始，BJP、INC 兩個相對較大的政黨，都必須透過區域性政黨的支持才得在中央或地方執政，藉此穩固其政權。

　　BJP 在中央選舉上經歷 1996 年籌組少數政府，卻僅為維持十三天的挫敗後，1998 年由 20 多個區域、地方政黨包括 JD、SS、SAD、AGP、DMK、AIADMK 等組成一龐大聯盟，於 1998 年第十二屆大選中獲得 262 席，其中 BJP 占 182 席，但因 AIADMK 的退出而遭不信任案倒閣。直到 1999 年十三屆大選重組後的 13 黨 NDA 內閣，BJP 維持 182 席，但全聯盟獲得 303 席，在共 543 席的下議院中成為最大且過半多數的政治聯盟（參照表 3.4）。BJP 最

---

[65] Padmaja Nair, *op. cit.*, pp.10-12.

終組成穩定的聯合內閣繼續執政。[66]此次政黨聯盟的成功，讓 BJP 成為印度史上，首位取代 INC 執政超過五年的政黨，在 BJP 執政下，印度也走向有別於過去 INC 執政的新路線。

貳、選民結構

選舉制度是 BJP 崛起的一大關鍵，是制度層面的運作因素，但不管何種選舉制度，人民的支持與選票才是基本。因此，觀察 BJP 發展的另一層面即是「選票來源」。BJP 的政黨形象、訴求是在強調「印度教民族主義」的精神，將宗教性的認同轉變為一種國家認同，使「印度教徒特性」等同於「印度人特性」，實現「一個宗教，一個民族，一個國家」的口號。[67]加上「聯合家庭」（Sangh Parivar）成員 VHP、RSS、BD 等印度教民族主義組織的鼓吹，印度教的認同就從宗教、文化認同，昇華為與國家認同結合，吸引了保守印度教徒的選票，此外不同的經濟政策與議題同時也擴大了 BJP 的支持群眾。

---

[66] 方天賜，〈印度教民族主義自一九九〇年代以來的發展及其意涵〉，《問題與研究》，第 41 期，第 4 卷（2002 年），頁 55-57。在 Andrew Wytaa ,"Elections in India 1999-2000 The BJP Make Slow Progress," *The Round Table*, Vol.90, No.360(2001), p.383 中 BJP 聯盟共有 17 個政黨。本文寫作上因選舉聯盟的認定不易且經常變動，也無一定的形式與聯盟合約；因此在認定上不同的報導用不同的計算方式，有些微差異，但不影響整體大方向結果。

[67] 同前註，頁 53。

一、「聯合家庭」、印度教民族主義支持者全力支援配合

　　BJP 一個具統治力量的政黨同時為「聯合家庭」的成員，使「聯合家庭」成為印度教社群在「社會－國家」發揚印度教復興運動、建立印度教國家最完整、龐大的運作機器。他們之所以團結一體，主要建立在他們將整個印度歷史視為「印度教文明」發展的共識上。民間運作上有 RSS、VHP、BD、海外印度教徒等在地方動員和宣揚，增加民意支持；再透過 BJP 此一全國性政黨取得公權力，讓他們所主張或發動的印度教民族主義行動有政府和國家的後盾與協助。因此，BJP 最重要的選票來源就是要鞏固印度教團體與全球印度教徒的支持，「聯合家庭」成員是 BJP 必須依賴的龐大遊說網絡與選票基礎，相對的這些團體的權力與政治影響力也是靠 BJP 而來。

　　雖然，聯合家庭內的各方常欲與彼此脫鉤，聲稱自己的獨立性、自主性，或遇到問題時劃清界線，面對各自利益時時調整其言論與行為，但相同意識型態下的合作默契是不言可喻的，彼此間的合作搭配也常被學者與媒體看穿。例如 1992 年發生的「阿瑜陀」（Ayodhya）建廟衝突，SS、RSS、VHP 和 BD 相互合作，或 BJP 執政邦的宗教衝突，也常被指責執法的延宕與拖延。

二、關注 INC 未重視之族群與區域：印度西北部、高種姓、農民等

　　綜觀 BJP 在印度整體選票分布，從過去以提升印度教徒經濟地位開始，吸引包括經濟發展較落後、受教育比例低的北印度區域，或受政府平權政策影響的年輕知識分子，以及印度教中高種姓社

群。此外 BJP 初期非常關注農民議題，因此伴隨經濟發展起步，農民收入提升後，印度社會主要的中、小農民成為一個新的階級，更擴大了 BJP 的支持群眾。以 2004 年的統計為例，高種姓 43%支持 BJP、56%支持 NDA，INC 僅有 21%而 UPA24%；2009 年的統計 37.9%的高種姓支持 BJP，而 INC 僅有 25.5%；在經濟能力作為基礎分析，上層階級的社會群眾也較支持 BJP，農民種姓（preasantcaste）的部分 BJP 的支持度也高於 INC。[68]（參表 5.7、表 5.8）

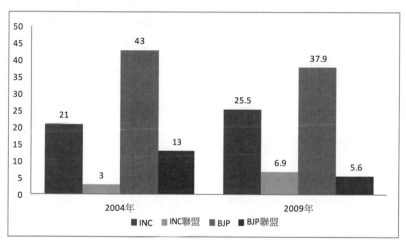

圖 3.2　高種姓 2004 年、2009 年全國大選主要政黨支持偏好

資料來源：Norio Kondo, "Election Studies in India," Institute of Developing Economics(Japan, 2007), Discussion Paper, No. 98. p.10. 「發展中社會研究中心」(Centre for Study of Developing Societies ,CSDS)，引自 Christophe Jaffrelot and Gilles Verniers, op.cit., p.15。

---

[68] Christophe Jaffrelot and Gilles Verniers, "India's 2009 Elections: The Resilience of Regionalism and Ethnicity,"*SAMAJ*(2012/5/17), p.15, http://samaj.revues.org/index2787; Norio KonDo, "Election Studies in India, Discussion Paper No.98,"(2012/5/26), p.12, http://www.ide.go.jp/English/Publish/Download/Dp/pdf/098.pdf.

參、1996 年印度人民黨的黃金時期

1980 年成立後，BJP 默默耕耘其政治勢力，它的成功除了與制度和意識型態訴求明確的因素有關外，當時印度社會內部的政治、經濟問題、「阿瑜陀事件」凝聚的群眾力量、BJP 的改革和領導人等，都是 BJP 邁向頂峰的踏板。調整與重新審視 1996 年選戰策略、BJP 政黨內部的安排等，都造就了 BJP 的黃金時期，讓他們儘管經歷組閣的挫折，仍能在連續兩次的改選中屹立不搖。

一、1996 年大選後方向調整

（一）1996 大選主軸

1996 年大選 BJP 終於躍上全國第一大黨的位置，共獲得 161 席，當時的 BJP 以爭取印度教徒選票為主，但同時也要兼顧穆斯林與低種姓社群、以及南印度的發展，當時除了主打「反國大黨」政策外，還有以下五大政策主軸：[69]

- 乾淨的大眾生活（cleanliness in public life）
- 國家安全（national security）
- 經濟民族主義（economic nationalism）
- 社會平等（social equality）
- 文化民族主義（culture nationalism）

從其「文化民族主義」的主軸即可發現，對於「印度教徒特性」的訴求 BJP 並未放棄，只是不像 1992 年般的激烈。BJP 重申他們

---

[69] Partha S. Ghosh, *op. cit.*, p.104.

同意在「不侵害國家領土完整」與「不對外圍領土產生忠誠」的前提下，確保個人的利益平等。BJP 基於「印度教徒特性」與吸引印度教徒的傳統政策議題以及相關行動包括：

- **全面禁止宰殺牛隻**：青年民兵（BD）在 1996 年 1 月 14 日發動大規模激進的全國性「反牛隻宰殺行動」；
- **訂立統一民法（Uniform Civil Code，簡稱 UCC）**：原先在憲法的規定下，各邦不得引用、執行一般性、統一性的民法，但 BJP 與 SS 政府試圖在其執政邦內推動統一民法，並且持續要求印度司法單位對婚姻制的重新規範。此一行動挑戰伊斯蘭教的婚姻規範，也激怒穆斯林社群，使穆斯林社群開始展開報復；
- **關注穆斯林人口增加**：聯合家庭對於在過去 40 年中，穆斯林人口從 9.93% 提高到 11.67% 相當憂慮，擔心如此一來印度教徒終會成為印度中的少數族群，甚認為印度在 2050 年甚至會成為向巴基斯坦一樣的穆斯林國家；
- **阿瑜陀事件**：在阿瑜陀興建印度教羅摩廟的議題上，BJP 雖沒有太直接表態，但聯合家庭成員（尤其 VHP）則非常積極，造成 BJP 不小的壓力，但也確實吸引不少印度教徒的支持；
- **少數民族政策**：鼓勵對少數民族與落後團體提高工資與生活補助；
- **防範外國勢力的滲入**：主要仍強調穆斯林人口近年的增長；
- **廢除少數民族委員會（minority commissions）**：BJP、SS 認為此有助於少數社群間的和諧。

上述較偏向「印度教民族主義」訴求的政策，剛好面對也回應當時正在蔓延的伊斯蘭教基要主義，使印度外圍的伊斯蘭教分離勢力蠢蠢欲動，包括旁遮普外圍、喀什米爾和東北部少數民族區域，

這些分離運動都造成印度教民族主義情緒更加激昂。一般來說除了爭取印度教徒票倉外，另一方面仍是為顧及聯合家庭 VHP、RSS 的影響與勢力。事實上，相對於前次的選舉，該次選舉被稱為最世俗性的選舉，雙方攻防的議題主要圍繞在經濟與清廉政治上。[70]

（二）1996、1998 年組閣挫折，調整政策

1996 年 5 月 16 日 BJP 首次在中央執政，總理由瓦傑帕伊出任，儘管瓦傑帕伊不斷強調所有的議題、政策都有再議的空間，且絕不會犧牲少數族群的權益，但仍因為其所代表的意識型態受到質疑，同時此一說法也造成聯合家庭成員的反彈，組閣的歡愉氣氛只維持短短十三天，至 1996 年 6 月遭倒閣而結束。1996 年 6 月至 1998 年 3 月由人民黨（JD）、泰盧固之鄉黨（TDP）等 13 個小黨組成「聯合陣線」（United Front）在 INC 的支持下接續 BJP 短暫政權執政，但「聯合陣線」也僅執政政一年多，最初受 INC 支持的總理高達（Gowda）在 1997 年 4 月遭不信任案而撤換，改由古吉拉爾（Gujral）接任，1998 年又因受 DMK 的背叛而倒閣。

經歷了 1996 年的組閣教訓，1998 年 3 月第 12 屆的下議院選舉 BJP 提出「穩定與良善治理」（stability and good governance）的口號，同時得到泰米爾納度邦、西孟加拉、阿薩姆邦等地區的支持，女性議員比例增加、獲取部分低種姓與穆斯林的信任。同時提出「*National Agenda of Governance*」（NAG）作為政策白皮書，承諾成立新邦、提高 GDP、保護中小企業等中間路線政策，配合傳統宗教議題，也針對各邦提出不同的政策，使 BJP 再以 182 席的高得票位居國會第一大黨，比 1996 年增加 21 個席次。

---

[70] Partha S. Ghosh, ibid, pp.114-116.

但不幸的是，BJP 此次任期在 1999 年 4 月因 1998 年底在德里、中央邦等地方上選舉失敗，又遭泰米爾納度邦的聯盟政黨 AIADMK 背棄，而再度遭倒閣。倒閣主因為 AIADMK 不滿 BJP 對該黨的內閣人事安排與調動，另外，更重要的爭議在於 BJP 不願意運用其中央政府特有的憲法 356 條解散地方政府權力，解散當時的 DMK 政府，也不支持 AIADMK 在高韋里河（Cauvery River）議題上的要求與作法，最終使反對黨通過了不信任案，BJP 以一票之差，慘遭二度倒閣。[71]而 NAG 的出現雖有助 BJP 執政，但也被「聯合家庭」批評並感到不安，認為 BJP 是一個沒有原則的政黨。[72]

1999 年 9-10 月第 13 屆的下議院選舉 NDA 共得 303 席，BJP 仍握有 182 席，雖然失去北方邦此一指標性的大邦，但在其他地方表現都非常好，議題完全放在經濟與安全上，重建與美中往來關係，與 RSS 達成一定的默契於選舉時淡化雙方關聯，此一調整終於使 BJP 真正能站穩五年執政。[73]

二、黨內團結、形象良好

BJP 成立之初雖是基於印度教民族主義精神而起，但也同時追求經濟自由化、整體人道主義，要將印度的精神主義和西方的物質

---

[71] "Jaya threatens BJP over Cauvery issue," *Rediff*(2012/5/22), http://www.rediff.com/news/1998/aug/10tn.htm; "Blow for blow," *Frontline* (2012/5/22), Vol.15, No.18(1998), http://www.flonnet.com/fl1518/15180110.htm; " Which Way To Poes Garden?" *Outlook*(2012/5/22), http://www.outlookindia.com/printarticle.aspx?205851; Shri Atal Bihari Bajpai,(2012/5/22), http://www.atalbiharibajpai.com/ThePM.html.

[72] Padmaja Nair, *op. cit.*, pp.40-45.

[73] Ibid.

主義協調、平衡發展，建設一個繁榮、現代、均富的文明國家，可惜這樣的訴求並未受到民眾的青睞。80 年代中期 BJP 決定改變其策略，配合印度教民族主義復興的氛圍，BJP 對外開始極力主張印度教民族主義，此一主導人物即為當時黨主席阿德瓦尼（L. K. Advani），[74]阿德瓦尼代表的是強硬派的印度教民族主義意識，負責鞏固 RSS、VHP 等追求印度教立國、反伊斯蘭等群眾與組織的支持。

　　而溫和派、中間路線交由總理瓦傑帕伊運作，透過瓦傑帕伊高度領袖魅力與中間路線形象負責與其他政黨協商選舉結盟，並爭取溫和的印度教徒支持。此一軟硬兼施的政黨策略，使 BJP 經過 1996、1998 年兩次組閣失敗後，可以再領導 NDA 的十餘個政黨籌組內閣。[75]筆者訪談諸多學者都認為，BJP 當時得以成功，瓦傑帕伊是一個最關鍵、重要的角色，當時社會大眾跟隨的是瓦傑帕伊而非 BJP，坊間談論的都是他的傳奇性，民眾對他為之瘋狂，他的魅力是 BJP 新舊領導人至今仍無法超越的傳奇人物，更是 BJP1996 年到 1998 年屢戰屢勝的關鍵。[76]

　　黨內選戰工作分配得宜，以及 RSS 等「聯合家庭」組織的大力配合與動員，嚴明紀律和團結，帶動 BJP 聯盟整體氣勢，成為 BJP 最好的選舉籌碼。此外，社會對於 BJP 此一新興政黨，抱持較多期望與好感，相較於 INC 的守舊、傳統，BJP 帶出了清新、有組織、有效率、有領導魅力的社會觀感。政策方面，BJP 主張的市場經濟、核武計畫等都讓政黨本身調整到最佳狀態，贏得最終勝利。

---

[74] 阿德瓦尼擔任過兩次的 BJP 主席，其任期為 1986-1991 年以及 1993-1998 年。雖目前已退位，但其在 BJP 的影響力仍不可忽視，且近期仍有意參選下屆下議院總理一職。

[75] 方天賜，前引文，頁 56。

[76] 訪談於 2012 年 6 月 6 日，「政大國關中心印度學者來台工作坊—研究生論文研討」會後進行。

肆、國大黨衰退，BJP 顯優勢

　　BJP 崛起的 90 年代，正逢印度政治生態的轉變期，INC 影響力下降、地方政黨崛起，經濟發展遇瓶頸、印度教民族主義復興達頂峰等都是 BJP 入主中央的推手。

　　90 年代長期統治印度的 INC 面臨前所未見的挑戰，首先是黨內派系惡鬥、分裂，主要官員紛紛出走，另組其他政黨與 INC 競爭，以及總理拉奧（P. V. Narasimha Rao，任期 1991-1996 年）內閣多名官員被指涉收賄的「哈瓦拉案」（Hawala scandal）[77]，牽連許多知名政治家與高階官員，使 INC 整體陷入貪腐風波，辭職的官員因得不到 INC 提名，又再自立門戶、獨自參選，擠壓到 INC 候選與席次的數量，加上長期執政累積下的官僚主義心態等都嚴重拖垮 INC 的形象與民眾對該黨的信任。

　　其次，拉奧政府為扭轉長期低迷的經濟成長率，推行經濟改革，雖其成果顯著，印度經濟發展大幅改善，GDP 自 2-3% 提升 6.3%，外匯存底也從 1991 年 10 億美元到 1996 年初達 200 億美元。不過，實際上快速的經濟成長受益者多為外資企業、財團和涉外業務部門，對印度本地的中小資本家、中小企業而言受益不大；此外，經濟成長所造成的通貨膨脹，更影響一般民眾的生活，對原先就已貧窮的廣大印度農民而言，除了少部分因收入增加轉型為中產階級

---

[77] 哈瓦拉案其實於 1990 年就已爆發。起因於一家私人電力公司老闆，透過賄賂官員爭取中央許多建設案，自 1988 年至 1990 年該公司不法獲利近 6 億盧比（約 2000 萬美元）。而涉案官員包含各政黨的知名領導人與政治人物，包括 INC(I)、BJP 中的拉吉夫‧甘地、德維‧拉爾、阿德瓦尼等 17 名，案件審理初因為牽涉過廣而不了了之，直到 1995 年才又再度爆發。由於事件最初並非在拉奧任期內，所以拉奧極力想與之切割，但 INC 當時的形象已至谷底，BJP 與第三勢力才能蓄勢待發。季平，〈哈瓦拉案與印度大選〉，《當代世界》，第三期（1996），頁 12-14。

外，其餘大多無受到經濟改革影響而提升其生活水準，還造成失業率大增，INC 選戰中提出再多的福利政策與選舉支票都無法消弭民眾對政府長期積累下的不滿。

INC 在地方結盟策略錯誤也是促成 BJP 成功的另一因素。在泰米爾納度邦 INC 高層不顧該邦當地 INC 組織反對，執意和同樣深陷貪污風波的 AIADMK 結盟，使得當地 INC 成員離開，自行籌組政黨，瓜分 INC 所有票源。此外，印度東、南各邦的政黨也都轉向與 BJP 合作，使 INC 除了打不進 BJP 原本的北印度區域外，其他邦也找不到可以結盟的政黨，嚴重影響 INC 的政治勢力。

最後，回歸到 INC 政黨特質本身，在印度政治走向地方政黨、宗教、種姓或語言社群型政黨崛起的趨勢時，INC 本身缺乏特定族群、宗教或種姓社群背景，又不願面對聯合內閣政治的現實，不願與其他政黨合作，因此 BJP 在東部與南部的非故有勢力範圍內，仍能找到合作的對象，反觀 INC 只能看著自身政黨在地方勢力上大幅減弱，而無法在這樣的政治生態中取得穩定的選票基礎。另外，INC 未意識到農業階級的影響力，也是使政黨失去大量選票而走下坡的關鍵。[78]

小結

本章前半部一、二節部分強調「認同」對宗教型政黨促成的因素，觀察印度教民族主義團體內認同的強度、族群凝聚的程度來評

---

[78] E. Sridharan, *op. cit.*, p.218.
　　劉學成，〈印度未來政治發展的趨勢〉，《南亞研究季刊》，第 3 期（1996 年），頁 41-42。

估宗教型政黨最強大的社群根基；後半部從制度面探討新興政黨如何運用議會內閣制的選舉、政府制度突破困境而快速執政，以及 BJP 在 1996-1998 年所面對的社會與政治氛圍，創造天時、地利、人和的 BJP 黃金時期。

認同的部分，聯合家庭在 RSS 為首的領導下成為具強大凝聚力、整合力與組織性的團體，家庭中共享「印度教徒特性」的意識型態與精神概念，用印度教的經典、語言、精神、宗教議題等作為他們共同、共享的特徵，伊斯蘭與西方殖民統治的歷史，被塑造為印度、印度教徒共同的悲憤，作為共同的過往，這些手法與語言成功強化組織內部的認同；並且透過阿德瓦尼、瓦傑帕伊、戈爾瓦卡等領導人的相互配合，將各自附屬的組織統合與合作，儘管在後續的發展上有些微的態度轉變和矛盾，但至少在 90 年代，彼此間不論合作或讓步、妥協都是促成 BJP 能在經歷幾番轉折後仍能穩定執政的因素。

制度層面，承襲自英國的議會民主制度，配合單一選區相對多數決的制度與聯合內閣的型式，使宗教型政黨或是無法成為單一過半多數的政黨，只要透過政黨聯盟，政黨間得到權力分配的共識，就能在地方與中央的選舉上合作，快速獲得席次與政治力量。1960 年 INC 勢力下降，1977 年聯合內閣首次出現在印度政壇後，政黨間的聯盟成為入主中央的方式之一；並且在區域性、宗教性和種姓政黨的崛起下，BJP 即早認知到此一態勢的轉變，開始與各地方上政黨合作，尤其 90 年代後更積極在各邦鋪路，除了原本具有單一勢力的古吉拉特邦、北方邦、拉賈斯坦等北部地區，BJP 更突破地域的限制，走進阿薩姆邦、泰米爾納度邦、克納塔克邦等也都有相當優異的成果。

廣大相同意識型態家庭成員的支持，聯盟政策正確、經濟改革吸引民眾、農民，用印度教民族主義的訴求爭取被忽視的高種姓社

群，利用 INC 疲弱的執政能力與官僚形象，BJP 儘管經過兩次的挫敗，但機智、靈活的操作、調整「認同」與「制度」兩個執政的關鍵因素，從中取得平衡後，最終還是成功站上執政舞臺，帶領印度進入五年金磚四國的輝煌成就。

第四章　BJP 宗教民族主義政策之體現與影響

　　「印度教民族主義」是世俗印度中不可小覷的社會意識型態，其影響力支持著 BJP 成為印度第二大全國性政黨。BJP 在其政黨章程中雖未明確定位其宗教立場，但 BJP 身為聯合家庭的成員，又與 RSS 的關係密切，加上過去政黨的言論，讓 BJP 與印度教民族主義無法脫鉤。因此，當 BJP 於 1999 年確定執政時，各界對其宗教立場是否會影響其政策相當憂慮；但對 BJP 來說，歷經過去組閣的失敗，穩固當前執政聯盟才是保有執政的首要考量，故在其政策的擬定勢必要有所節制。

　　本章節將探討 BJP 在執政前、後政策上、行動上的主張與態度。是否真如各界所言，偏頗印度教徒，引起激烈的宗教社群鬥爭，抑或在其執政的邦中，有更進一步的宗教民族性政策。同時，從 BJP 與 RSS 及其他聯合家庭成員，在政策、訴求與行動上的合作，觀察一個宗教型政黨在執政後對印度社會的影響與其回應。

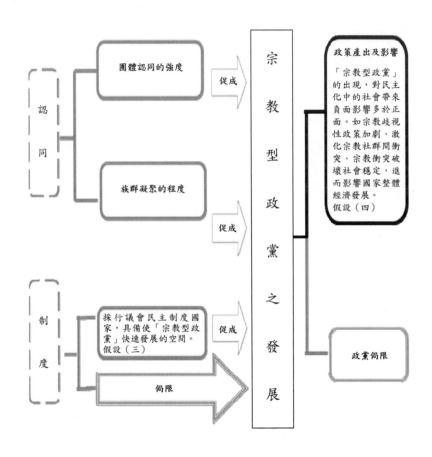

圖 4.1　研究架構(二)

第一節　BJP 政策大方向與少數民族政策

BJP 在 1980 年成立後即發表首次「五大承諾」（Our Five Commitment），其中多強調國內的經濟與社會問題，主要為下：[1]

- 提升民族主義精神，強化國家與民族的完整
- 堅持民主主義政體
- 推動正向的世俗主義（positive secularism）
- 甘地式社會主義（Gandhian Socialism）
- 以價值精神為基礎的政治（value-based politics）

經過多次地方、中央選舉的試煉與挫敗，其細部的政策與態度不斷調整，最明顯的轉變主要在經濟政策與對少數民族的態度與政策。

壹、1980 到 1996 在野時期

一、從溫和走向保守的路線轉變

BJP 在 RSS 支持下成立，因此 BJP 同樣具「印度教徒特性」（Hindutva）的訴求與信仰，也將追求建立「印度教國家」定為終極目標。除此之外，BJP 此一時期的政策主軸仍是以反對 INC 政策為主，包含經濟議題、外交政策、廢除憲法 370 條、統一民法之訂

---

[1]　Bruce D. Graham, "The Challenge of Hindu Nationalism," *op. cit.*, p.160.

立，以及最受爭議的少數民族政策。但先就 BJP 成立時的政黨宣言觀察，BJP 在其創黨宣言中或其政策白皮書中，一向未公開主張其偏屬特定宗教社群的意識型態。尤其在創黨初期 BJP 有意營造其世俗性的形象。其宣言內申明：

> 「BJP 將帶領印度走向國家統一、領土完整與民主主義，追求正向的世俗主義（positive secularism），採用甘地式的社會主義與其政治精神價值，並且支持經濟與政治的權力分散與下放。」

此政黨的宣言成為 BJP 一向的官方說辭，也成為其主要的形象與包裝。1980 年於孟買舉行的第一場 BJP 全國性演說，瓦傑帕伊談論當前的印度社會，他認為印度面臨嚴重的道德危機（moral crisis）、威權主義（authoritarianism）與無政府（anarchy）狀態，「BJP 應以組織化（sangathan，英譯 organization）與最大的努力（sangharsh，英譯 struggle）和具體行動（sanrachna，英譯 constructive work）來面對，同時透過甘地『在地經濟』的概念，提升貧困與落後鄉村的生活品質」。同時，此一時期的 BJP 強調該政黨首要的任務是透過土地改革、控制物價與貨幣金融計畫調整社經問題。[2]

但諷刺的是，在此一世俗形象下 BJP 選舉表現卻未獲得太多肯定，除了因英迪拉·甘地領導當時國大黨，提出許多補助穆斯林的政策與福利，吸引多數穆斯林的支持外，1984 年 10 月英迪拉·甘地遭暗殺生亡，無疑使社會對 INC 更具同情與支持，該年 12 月第八屆議會選舉 INC 並獲得有史以來最多席次 404 席，而 BJP 於該次選舉中僅獲兩個席次。加上 1983 年在喀什米爾選舉中敗給 INC，黨內大部分的聲音都將敗選問題歸咎於未明確主張「印度教徒特

2　Partha S. Ghosh, *op. cit.*, pp.86-87; Zafar Ahmed, *op. cit.*, p.133.

性」（Hindutva）所致，至此之後，BJP 整體的政策與態度走向，開始由阿德瓦尼帶領，走回激進、保守的印度教民族主義路線。[3]

除了選舉結果的失敗，使 BJP 走向偏右派、激進印度教民族主義，INC1980 年提出「曼道爾委員會」（Mandal commisson）計畫的執行為另一個主要因素。「曼道爾計畫」主要為表列部落（ST）、表列種姓（SC）等落後階級提出工作、教育的保障名額與反歧視政策，此一計畫在 90 年提交報告並欲落實執行，此舉激起多數的高種姓印度教徒的反對，高、低種姓間的衝突不斷發生，宗教間也因穆斯林在印度社會多為受保護階級，使占社會多數的印度教徒產生權益的剝奪感，雙方衝突不斷，不論在學校或各地都發生大規模的反抗事件。BJP 代表印度教徒的利益而強烈反對此政策，認為此政策是對印度教徒的歧視與排斥，在此一事件爆發後，BJP 更加明確的改變其政黨路線，從此後也被冠上「印度教主義政黨」（Hinduism party）、「宗教民族主義政黨」（religious nationalism party）的稱號，政黨的行動、發言開始走向激進、與 RSS 的關係更加開誠布公。

二、對穆斯林與不可觸民的態度搖擺

（一）穆斯林：排斥、拉攏

「印度教徒特性」是 JS/BJP 對國家、社會與文化的中心意識型態。對外來的宗教抱持敵意，認為外來宗教阻礙印度的發展，懷

---

[3] Achin Vanaik, "Communalize of the India Poliry," in Peter Ronald deSouza and E.Sridharan ed., *op. cit.*, pp.186-187.

疑論更特別指向伊斯蘭教徒，印度教民族主義者對穆斯林有諸多的不信任，認為印度一向是一個包容多元化的社會，具有世俗性的歷史傳統，但相反的穆斯林卻是不包容其他宗教、具有分離主義的社群，懷疑他們對印度的忠誠、懷疑他們對巴基斯坦的嚮往，甚至有RSS 的成員認為印度教是一個多神論的宗教，包容不同的神，為何穆斯林就不能同時也敬重印度教的神祇？

80 年代，雙方的關係越來越緊張，除了因為濕婆軍的聲勢與成員不斷壯大與擴張外，聯合家庭不斷濫用與汙名化伊斯蘭教社群，也加深雙方對立。然而，此種排斥外來宗教的論述在 BJP 成立後的言論中逐漸且適時的轉淡，因為他們了解，想生存於多黨競爭的民主政治社會、又要尋求政治聯盟的政黨，此種發言將限制他們與其他政黨的合作與結盟。

是故，BJP 同樣想拉攏穆斯林的選票，他們刻意遠離 VHP，同聲慶祝穆斯林節日、在安德拉邦興蓋清真寺，或於 1996 年成立少數民族單位。他們認為穆斯林最大的問題源自教育、工作與組織，希望透過有組織性的單位，提升穆斯林社群的教育、就業機會，此一計畫由前聯邦部長 Arif Beg 主持；[4]Arif Beg 本身的穆斯林身分除可用來獲取穆斯林的認同外，BJP 也相信透過此一組織，可使外界與媒體不再把 BJP 與右派印度教民族主義連結。此外，1995 年BJP 組成了「穆斯林大會」（Muslim Sammelans），[5]在當中提出了「免除衝突」（riot-free）的口號，希望讓穆斯林對 BJP 有新的印象

---

[4]　Arif Beg 為 1977-1980 人民黨 BLD 執政時期的聯邦部長官員，同時也 BJP 當時領導人之一， Beg 於 1999 年曾離開 BJP 加入 INC，2003 年又再重返政黨。"Arif Beg, Krishna Kumar join BJP," *The Hindu*(2012/5/4), http://www.hindu.com/2003/10/12/stories/2003101205290800.htm.

[5]　*Sammelans*，為印度語，英譯為 convention，本文將之譯為大會。BJP 於 1995 年 4 月 12 日舉辦此穆斯林大會。

與觀感。[6]在聯合家庭掌權時，BJP 和 RSS 釋出穩定的氛圍，讓穆斯林社群相信唯有 BJP 的統治，才能確保他們的安全。

（二）尋求達利特、低種姓社群支持

JS 與 BJP 成立之初，儘管站在整體印度教徒的利益上，他們仍擁抱 ST、SC，只不過他們的用意並不在提升他們的生活水準，重點是透過低種姓的力量對抗穆斯林，利用神明的英雄形象提醒他們印度教徒是英勇、強壯的要共同抵抗外侮，而且政府保障穆斯林的政策會影響印度教徒的權益，激起低種姓間穆斯林與印度教徒的對立和衝突。

同時，用印度憲法起草者之一安貝卡（Ambedkar）作為象徵，他們關注的不是 1956 年的改宗運動，而是關注他早期提倡的印度教改革，JS/BJP 將安貝卡賤民的身分視為達利特的領導人，更將他術塑造成印度教民族主義、反伊斯蘭教的形象，更甚至將釋迦摩尼佛立為毗濕努神（Vishnu）的第九個化身。這些作法都是為了吸引達利特與低種姓的支持，以擴張自己的實力。[7]

直至 90 年代 BJP 開始用政策性、政治性的方式追求低種姓的支持。BJP 一開始反對 INC 所訂立的保障少數民族政策與上述的

6　Partha S. Ghosh, *op. cit.*, p.106.

7　安貝卡被稱為印度的「人權革命之父」在 1917 年留學回國後，相當無法接受種姓制度對賤民的打壓，開始發起對抗種姓制度的運動，1956 年 10 月帶領上萬民賤民皈依佛教。BJP 為彰顯對安貝卡早期對印度教改革的努力與偉大，甚至吹捧認為：若僅把安貝卡視為達利特的彌賽亞（messiah，救世主）是對他的貶低。關於安貝卡的詳細介紹可參照：游祥洲，〈論安貝卡主義、印度人權革命與佛教復興──一個全球倫理的觀點〉，《玄奘佛學研究》，第 16 卷（2011 年），頁 161-196。Kama Maclean, "Embracing theUntouchables: The BJP and Scheduled Caste Votes," *Asia Studies Review*, Vol.23, No.4(1999), pp.490, 496, 499-501.

「曼道爾委員會」計畫，因此在一定程度上，BJP 被歸類於「親高種姓」的政黨。1993 年地方選舉上，BJP 在許多邦上雖獲得多數的席次，但就是因得不到低種姓與穆斯林的支持而喪失許多的機會，反觀 INC、人民黨（JD）雖僅為第二大黨，但當時與印度兩個代表低種姓的政黨「社會主義黨」（Samajwadi Party，以下簡稱 SP） 與「大眾社會黨」（Bahujan Samaj Party，以下簡稱 BSP）合作，前者聲稱為全印最大世俗政黨，偏向代表穆斯林權利，而後者特別代表低種姓與達利特利益，故 INC 可在喜馬偕爾邦（Himachal Pradesh）、中央邦（MP）等組成聯合內閣執政。[8]

以北方邦（UP）選舉來說，1991 年的選舉中 BJP 為最大黨 221 席，INC 與人民黨都各自得不到 100 席（分別為 46 席與 92 席）故由 BJP 執政。但到了 1993 年的改選後，BJP 仍為最大黨，獲得 177 席，除了席次銳減外，更值得注意的是，INC 與人民黨更低只獲得 28 與 27 席，但此次的關鍵在於 BSP 獲得 67 席與 SP 獲得 109 席，在 BSP 與 SP 的優勢下，所有的政黨包含 INC 與 JD 與之組成執政聯盟，BJP 因而錯失組閣機會，成為最大在野黨。[9]（參見表 4.1、圖 4.1）

---

[8] 喜馬偕爾邦、中央邦與拉賈斯坦邦（Rajasthan）會在 1993 年舉行地方選舉是因為 1992 年阿瑜陀事件爆發後，總理拉奧將 BJP 執政的這三個邦議會解散，交由中央直接管轄，所以在 1993 年重新選舉。

[9] Partha S. Ghosh, *op. cit.*, pp.99-101.

表 4.1　1993 年北方邦選舉結果

席次（共 422）　　政黨	席次	得票率（%）
印度人民黨（BJP）	177	33.30
社會主義黨（SP）	109	17.94
大眾社會黨（BSP）	67	11.12
國大黨（INC）	28	15.08
人民黨（Janata Dal）[10]	27	12.33
印度共產黨（CPI）	3	0.64
人民黨（Janata Party）	1	0.52
共產黨(馬克思)(CPI(M))	1	0.47
北阿坎德革命黨（UKD）[11]	1	0.15
無黨籍（IND）[12]	8	6.81
合計[13]	422	98.36

資料來源：Election Commission of India – State Elections, 1993 Legislative Assembly of Uttar Pradesh。筆者繪製整理。

　　但事實上，BJP 為其政治利益或本於其政黨的宗旨，不可能也不願意追隨其他更激進的聯合家庭成員如 VHP、BD 堅持對低種姓、不可觸民的排斥；同時有鑑於 80 年代開始，印度的政治生態走向宗教、種姓社群政黨化，達利特、低種姓勢力的崛起成為各政

[10] Janata Dal 是 JP 的分支，與其他小黨在 1989 年組成「國民陣線」（National Front）並且獲得 BJP 為首的「左翼陣線」（Left Front）支持，取代英迪拉甘地政府。JD 失去政權之後又分裂為許多地方性的派系，主要有 JD(U)親印度人民黨與 JD(S)親國大黨的兩支。

[11] UKD 全稱為 Uttarakhand Kranti Dal，英譯為 Uttarakhand Revolutionary Party，中譯為北阿坎德革命黨，北方區域政黨，與左派政黨關係緊密。

[12] IND，全稱為 Independents，本文將之譯為無黨籍參選。

[13] 得票率未達 100% 係因扣除其他不達獲席次之政黨得票率。

黨欲把握的票倉，因此，BJP 對低種姓的政策仍相當曖昧與模糊。
BJP 秘書長（General Secretary）與元老 K. N. Govindacharya 表示，
他們了解達利特在印度社會面對的困境，但是他們所遇到的危機與
困難都要以不同的方式、態度處理，且必須是漸進式的改善、緩慢
且小心的進行，他們應受到保護，但絕非犧牲其他人的權益。BJP
一方面在各邦議會上反對對低種姓的保障政策，但在另一邊，卻也
反對 VHP 等組織激烈的反達利特活動。

　　為贏得 1996 的全國大選，鞏固種姓牌與低種姓票源成為 BJP
的選戰主軸，BJP 在 1995 年 8 月 3-10 日舉辦「和諧社會週」（Samajik
Samrasta，英譯 social harmony），瓦傑帕伊在活動中成功的吸引了
婦女、低種姓、達利特與失業者等貧困弱勢團體的支持，緊接著 9
月 25 日在北方邦的工業大城坎普爾（Kanpur）成立「達利特大會」
（Dalit Convention），為期一個月的活動，使 BJP 與達利特的關係
更緊密，淡化 BJP 高種姓色彩；BJP 了解達利特與低種姓社群最在
意的就是經濟問題，所以 BJP 提出許多具體的經濟福利政策作為吸
收選票的主要方式。[14]

　　總體來說，為爭取印度教徒的選票，BJP 挑起社群與宗教議
題，但當他們成為統治者時，BJP 又想扭轉他們的激進形象，來確
保社群間的和諧。但因為聯合家庭的勢力過於龐大，意識形態影響
力非常廣泛與強大，因此就實際狀況而言 BJP 很難消除這樣的形象
與大眾觀感。

---

[14] Partha S. Ghosh, *op. cit.*, p.102.

貳、文化民族主義與少數民族政策

BJP 在 1990 年代後政黨路線與主軸日趨明確，「良善治理」（Good Governance）、「文化民族主義」（Culture Nationalism）、關懷弱勢、國家發展與安全都是 BJP 強調的政策主軸。其中「文化民族主義」又是 BJP 在宗教議題發揮上相當重要的環節與核心。

一、文化民族主義

在 BJP 官方網站中「政黨理念」（BJP Philosophy）即指出，BJP 兩大理念分別是「完整的人道主義」（Integral Humanism）與「印度教徒特性」（Hindutva），「印度教徒特性」也就是 BJP 所強調的「文化民族主義」。

對 BJP 而言，「印度教徒特性」代表的是甚麼？在該網站連結上放了一篇〈Hindutva: The Great Nationalist Ideology〉的文章。

文章大半內容提及的是「印度教」的包容性（tolerance），從過去到現在印度社會對外來政權的侵略、對國內的不同宗教文化都是包容的，而對穆斯林與伊斯蘭教，仍不乏以入侵（invasions）、野蠻（barbarism）等負面的詞彙來形容。該篇文章中，同樣的也提到阿瑜陀事件，認為印度是一個不自由的國家，從伊斯蘭統治到英國殖民，印度人被打壓、受盡歧視、印度國土被分割，不管面對任何困難與挑戰，印度教徒從不動怒、反擊，保有包容的特性。印度教徒從未替自己爭取什麼，直到阿瑜陀事件，當第一塊清真寺的磚瓦掉落，印度教徒獲得了自由、印度教法（Hindu Dharma）取得了勝利與正義，最後並強調「印度教徒特性」不是印度教理論（Hindu theocracy），它是印度（Bharat）的指導方針（guiding principles），而此指導方針是吠陀經（Vedas）所說：「真相是唯一的；天地宇宙為一家。」[15]

該篇文章放在 BJP 官網中可說是代表 BJP 的立場外，其他「文化民族主義」文章都不斷論證「印度教徒性」、「文化民族主義」不等同「印度教」，但其實文章內容很難去分清其中之差別，且當其強調文化、語言、宗教、血緣、道德、神的包容與多元主義的同時，還是不忘轉向對穆斯林的批判與攻擊，期望在 BJP 的領導下，以印度教徒特性之根本建立人民符合印度的民族精神。

二、少數民族與世俗主義政策

BJP 對 INC 政策最大的攻擊點即是「少數民族政策」與「世俗主義」，他們認為，INC 的世俗主義與少數民族政策是侵害占多數的印度教徒的利益，INC 的少數民族政策是一個「偏穆斯林」的政策，而且是對一個對印度不忠誠的社群的偏愛，且 INC 對穆斯林的所作所為，包含允許穆斯林保有其伊斯蘭身分法、伊斯蘭教育以及資助穆斯林領導人等，都是為了換取他們對 INC 的支持；同時 BJP 也不諱言，正因為 INC 偏袒穆斯林，才使 BJP 反對穆斯林。

就「世俗主義」來說 BJP 強調，世俗主義是每一個政黨都遵循的，但 INC 與尼赫魯所提倡的世俗主義將宗教與政治分離是「『偽善』的世俗主義」（pseudo secularism），BJP 追求的是一個「『真』世俗主義」（genuine secularism）；而所謂的「真世俗主義」的核心

---

[15] "Hindutva: The Great Nationalist Ideology," *BJP*(2012/5/8), http://www.bjp.org/index.php?option=com_content&view=article&id=369:hindutva-the-great-nationalist-ideology&catid=92&Itemid=501.

精神為：(1)採用並接受統一民法；(2)刪除教科書中反印度教與印度的內容。[16]筆者訪問 BJP 上議院議員時其也表示，BJP 對少數民族的政策本持著不以宗教作為補助依據，應適用於各宗教，並以生活水準、經濟標準作為審核標準。[17]

對一個宗教型政黨來說宗教認同是它獲取支持的最大因素，BJP 向來對外的政策方向都不放棄為印度教主張最大利益，但就如同上述所說的態度調整，BJP 也聲稱他們不是一個反穆斯林、反少數民族的政黨，他們試圖用不同的方式拉攏穆斯林與低種姓選民。但是 BJP 在向穆斯林、低種姓社群靠攏時，聯合家庭的不滿往往超過其所預期，所發動的抵制運動卻又造成更多的負面問題。因此，在此部分政策擬定上，一直拉扯著 BJP，也是該政黨最容易被質疑的部分。

---

[16] 事實上對穆斯林忠誠的懷疑與猜忌大都是印度教民族主義過度的渲染與無稽之談，穆斯林在印度各方面的生活、教育與政治權力都遠低於印度教徒。以服公職比來說，穆斯林在 1988 年只占 4.4%，而印度教徒佔 47%。對穆斯林的懷疑論主要還是來自於人口的增加，而增加的主要原因有三：(1)自然增加（生育）；(2)外來移民；(3)宗教改宗。Partha S. Ghosh, *op. cit.*, pp.146-168.

[17] 訪談時間為 2012 年 2 月 14 日，印度新德里。

圖 4.1、4.1.1　BJP 三大政黨核心指標：國家優先、政黨次之、個人為末（Naiton First、Patry Next、Self Last）。2012/2/10 拍攝於 BJP 黨部。

第二節　經濟與外交、核武政策

　　經濟與外交政策一向是 BJP 引以為傲的兩大政績，也是最能淡化其印度教民族主義色彩的方式，透過經濟、外交政策，期望獲得更廣泛的支持與選票，將選戰帶回到「民族主義」，而非「宗教民族主義」上。事實上，在 BJP 執政的五年中，印度的經濟與外交政策相較於過往的確有相當大的突破，更是印度整體發展上重要的里程碑。

壹、經濟政策

一、甘地式經濟模型

（一）人民同盟時期

　　「人民同盟」（JS）時期的經濟政策主要跟隨甘地發展在地企業的精神，支持在地中小企業、鄉村經濟，從低、底層的農民生活、手工經濟開始；反對共產主義造成的勞資對立經濟意識型態。JS 鼓勵社會與經濟發展要在中央與地方相互調和下進行，並促進勞資雙方的合作與溝通，期待彼此關係如同家庭般的和諧。在此論述下，JS 吸引勞工階級的支持，但卻因為仍屬小眾，在 1950-60 年代的選舉仍未見其效益。[18]

---

[18] Sudipta Kaviraj, *op. cit.*, p.275.

（二）BJP 成立初期

初期的 BJP 同樣追隨甘地社會主義、甘地式經濟模型，致力於保護傳統工藝，堅信只有蓬勃印度社會的傳統工業與在地企業才有助於經濟的發展與滿足就業。同時確保農業經濟的穩定，調高農作價格、提升農業硬體系統、水利建設，推動大型鄉村經濟發展計畫，[19]改革稅制、穩定物價與進行勞工管理，反對開放外資與政府舉債等，希望提升各階層民眾的生活。這些立場在 80 年代末期拉奧（Rao）政府時期相當明確，但同樣其支持度並未顯示在 1984 年的選舉結果上。

二、立場轉變：走向市場經濟路線

90 年代是印度經濟改革的關鍵時期，INC 向來主張的社會主義計畫型經濟開始轉變，由拉奧政府進行印度第一次的經濟改革，此經濟改革欲將印度帶向資本主義經濟型態，追求外來技術與增加外來資本與資金投入。對於經濟改革，印度社會充滿期待與讚許。[20]此時的 BJP 在烏帕德亞亞領導時也開始質疑國家、政府對經濟政策干預的目的性與必要性，最後 BJP 認同此一改革方向。

BJP 之所以認同此一改革，一方面肯定跨國性、多角化的國際合作趨勢，同時對於中國當時走向「修正式社會主義」帶動整體經

---

[19] 跟隨甘地式的發展策略是強調鄉村與在地經濟，因此 BJP 在提升鄉村經濟的部分推動了許多綜合型計畫，包含「鄉村發展統合計畫」（Integrated Rural Development Programme, IRDP），以及提升 ST 就業機會的「鄉村就業計畫」（National Rural Employment programme, NREP）。

[20] 據當時民調，對印度的經濟改革方向有 54.7%同意，7.3%認為有害。Partha S. Ghosh, *op. cit.*, p.283.

濟發展與中美貿易因簽署經濟協議而增加，使 BJP 從社會主義經濟路線轉向支持「資本主義」的經濟發展方向，但對 BJP 來說，他們仍堅持在民生用品上，應保護國內企業。

　　1992 年 BJP 提出新的經濟政策稱為「人道主義的經濟發展方向：自給自足路線」（*Humanistic Approach to Economic Development: A Swadeshi Alternative*），以及「安堤約迪亞共識」（Antyodaya）。在當中承認了外資對國家經濟的重要性與貢獻，以及引進國外高科技技術的必要性，但絕非無限制的開放。BJP 關注的核心在於從提高就業方式使經濟快速發展，引進高科技企業使產業結構往高科技、國際性產業調整；同時，在符合成本計算下擴大內需，善用國內資源與能源，並且提升國內投資環境，吸引公、私企業的投資；在人道主義精神中強調擴大女性、ST、SC 就業機會，成為國家經濟發展的一環。[21]

圖 4.2　在 BJP 黨部正門看板上，直接標明了 Antyodaya 的政黨中心信仰。

---

[21] 此一經濟政策白皮書共 54 頁，包含 BJP 當時訂立的意識型態與理念架構，鄉村經濟、就業、勞資關係、金融管理、福利政策與物價各層面。Partha S. Ghosh, *op. cit.*, pp.278-285.

為了向外界證明 BJP 並非反自由化，阿德瓦尼在 1993 年中 BJP 年會上公開表示：[22]

> 在國大黨領導下，將自由化擋在印度之外，BJP 倡導的是「去除限制」（decontrol）、「解除規範」（deregulation）、「去除官僚化」（debureaucratization）的經濟規範……國家不應被孤立於世界之外，除非緊跟世界的步伐，否則沒有一個國家得以向前邁進，但也不可完全倚賴其他國家生存，……一個政府若沒有提倡國際化與全球化的熱誠，將會是一個沒有自信、沒有希望的政府……我們能為世界做出貢獻……，我們是一個開放、外放的國家……。

BJP 執政後大致延續了拉奧時期的經濟政策開放印度市場與外資投入，造就印度當時的經濟奇蹟。

三、印度教民族主義的經濟意識型態

確立了資本主義的經濟態度，但 BJP 一再保留對在地經濟的保護立場，在印度入 WTO 後不可避免的也面臨社會反全球化的浪潮，加上聯合家庭廣大的成員，印度在反全球化的行動中聞名全球。

1994 年關稅暨貿易總協定（General Agreement on Tariffs and Trade, GATT）烏拉圭回合（Uruguay Round）談判，會後發表「鄧克提案」（Dunkel proposal），此提案被 BJP 稱為：**印度最黑暗的一天**，他們認為此次決議對發展中國家並不公平，無法平衡開發中與

---

[22] Jay Dubashi, "India First," *Seminar*, No.417(1994), p.19. 轉引自 Partha S.Ghosh, *op. cit.*, p.286.

已開發國家的競爭力。[23]BJP 接續發動全國性的「搶救主權遊行」（save sovereignty yatra），而 RSS 則在 1994 年 6 月發動相應的 Swadeshi Jagaran Maneh 行動，鼓勵印度民眾愛用國貨、不用國外品牌，就連在印度製造、原料 100%來自印度的國外企業也不要使用，此一運動嚴重影響如：雀巢（Nestle）、可口可樂（Coca-Cola）等跨國企業在印度的投資與發展；此活動在鄉村的影響力遠大過 1990 年、1992 年的戰車遊行與阿瑜陀事件；RSS 甚至要求拉奧政府禁播外國商品廣告。他們認為這些西方文化、商品會侵害本國產業、腐化印度年輕人的心靈。BJP 秘書長 K. N. Govindacharya 甚至認為，這些西方帝國主義的企業不但有害印度農、工業，更會使印度遠離故有的文化精神。[24]

BJP 當時主要的經濟幕僚 Jay Dubash 認為，相對於開放跨國際企業，國有企業的私有化更有助經濟發展、解決經濟問題。事實上，在此次事件或是開放經濟市場的議題中，BJP 與其他聯合家庭成員的態度不一且相互矛盾，他們在官方與公開場合上反對跨國企業、反對 GATT 決議，另一方面在 1995 年 BJP 政黨會議中又公開的支持 INC 的經濟改革；對濕婆軍黨（SS）來說，他們支持任何形式的跨國企業；而 BJP 則是反對跨國際企業進入民生用品領域，堅持「Swadeshi」（自給自足，self-sufficiency）的精神主張，BJP 認為：

- 「*Swadeshi*」**不等**同於「孤立」（isolation），印度需要的是公平、可信賴的外資，如同中國只允許他們需要的跨國企業進入；
- 印度歡迎也需要外國的資金、技術與人才；

---

[23] 「鄧肯提案」為 1991 年 GATT 烏拉圭回合談判遇僵局時，GATT 秘書長 Arthur Dunkel 為促使談判有所進展而提出。1992-93 年成為談判基礎，並盡可能修正為各國可接受的方案，WTO 即在此方案下成立。

[24] Partha S. Ghosh, ibid, pp.286-292.

● 對於現代的科技、進口業要有一定的限制與管控。

而 RSS 立場又更偏向保守，其主張如下：

● 全球化是西方的帝國主義（imperialism）的伎倆之一，WTO
只是為已開發國家開後門，孤立政策並非錯誤；

● 印度不需要外資與跨國企業，反而是跨國企業需要印度；

● 印度的許多區域仍未進入高科技領域，我們要先學會發展而
非進口；

● 外資引進了傳教士（missionaries），而其目的是為了迫使印
度教徒改宗，因此外資只是帶來對印度文明的侵害。

聯合家庭內部的態度不一，尤其是身為一個欲角逐執政大位的
政黨來說，BJP 的立場相當模糊，改革不夠明確，對 INC 的批評也
因當時拉奧政府事實上將外資的投入由 1400 萬盧比提升至 7630
萬盧比的顯著成長而效果不大。[25]

四、經濟政策影響

自 1996 年開始，BJP 持續堅持確保印度利益的經濟民族主義
政策，認為印度要有自己的路線，經過調整，BJP 執政五年下的印
度經濟有空前的成就與轉變，成為世界第十大經濟體之一，
2003-2004 年 GDP 成長率高達 8.2%，除了成為金磚四國之一，其
市場的重要性、發展性也在世界嶄露頭角。

對 BJP 而言，他們並不是否定自由經濟、資本主義，但是受到
印度教徒特性理念的制約，才容易在開放與否間產生矛盾也容易被
外界質疑；事實上，BJP 對國際貿易、跨國企業並不反對，只是憂

---

[25] Ibid, p.294.

心其對國內的影響。而投資者對 BJP 政策的隱憂在於：限制投資領
域，此會因資金流動有限而影響投資者意願；另一方面對國內企業
的保護政策，如降低稅率、提高關稅與總量限制等，都會降低引入
外資企業的成效。[26]

貳、外交與國防政策

外交政策在 BJP 成立初期並不被重視，BJP 當時仍以國內問題
作為主要的競選主軸，但基本原則仍是中立性與加強與鄰國關係。
政治和國防方面，1998 年 BJP 穩定政權後，3 月立即進行驚動國際
的核武試爆，印度不顧國際的批評與制裁執意進行，雖此舉更造成
印度與巴基斯坦的關係惡化，但卻也加強了印度在國際戰略地位和
軍事地位的重要性，提升印度國家凝聚力與自信，並間接證實 BJP
在外交與國防政策上偏向民族主義的路線與方向。BJP 在外交上一
再強調主權的統一，反對國際強權，並將重點放在南亞區域上，期
望與美國交好時，又對於美國支持巴基斯坦相當反感，在與中國關
係上除了堅持既有領土與邊界不可侵犯的基本原則與西藏獨立的
立場外，也期許與中國關係有所突破改善。[27]

---

[26] Zora, Parwini and Woreck, Daniel, "The BJP's "India Shining" campaign: myth and reality," *World Society Web Side, WSWS*(2012/5/17), http://www.wsws.org/articles/2004/may2004/ind-m07.shtml.

[27] 范名興，前引文，頁 7-8。

一、親美路線與延續 INC 主要政策

有別於 INC 自冷戰時期與蘇聯關係密切，JS/BJP 在外交政策上本持反對共產主義的態度，不樂見印度與蘇聯關係過於密切，也反對 INC 執政時親蘇和社會主義的意識型態。相對的，BJP 在面對冷戰與後冷戰時期國際情勢的判斷下，較傾向與美國友好，對蘇聯、中國共產勢力的不信任，尤其面對中國長期的威脅與在喀什米爾、西藏問題上對印度的敵意，使 BJP 認為與美國的合作較有利於制衡蘇聯與中國，確保印度國土的安全；另外，BJP 親美的原因與海外印度裔有關，經筆者詢問印度 Observer Research Foundation（ORF）智庫資深研究員賴潔希（Rajeswari Pillai Rajagopalan）認為，在美國多數的印度僑民為 BJP 的支持者，這也使 BJP 在政黨利益考量下，積極維持與美國的關係。[28]1970 年代人民黨執政時期，雖也反對前朝的印蘇關係，但主要還是延續過去的政策，也未與蘇聯交惡。[29]

二、印巴關係與核武試爆

BJP 用核武來串連該政黨的外交政策，不論是對中、巴的威脅，邊界區域的不穩定，BJP 強調防禦性的政策，並認為政府要有強大的軍事力量作為後盾，因此，核武的發展才是 BJP 最核心、具體的外交與國防政策。

---

[28] 筆者於 2012 年 3 月 25 日台中談話所得。
[29] Partha S. Ghosh, *op. cit.*, pp.314-319.

（一）印巴關係：衝突中求和諧

　　BJP 在 1998 年前，對巴基斯坦與穆斯林的態度充滿懷疑與敵意，這不僅是他們選戰策略的主軸，也是受到印度教徒特性、印度教民族主義核心思想中最主要的論述影響。從蒙兀兒帝國伊斯蘭入侵、英國殖民時的分離政策，到獨立後的兩國分裂，與在喀什米爾問題上認為巴基斯坦所占領的喀什米爾地區不論在歷史、文化與地理上都原屬於印度，這些歷史的紛爭加上受 RSS 掌控，BJP 一貫將巴基斯坦與穆斯林視為對印度整體的威脅。此外，恐怖攻擊等事件不斷爆發，使 BJP 對雙方關係採取強硬立場，認為只有強壯國力、走向軍事民族主義，才能對抗外來勢力對印度完整性的威脅。[30]

　　但事實上，BJP1998 年正式執政後，態度明顯軟化，印度與巴基斯坦的關係並非想像中的惡化。BJP 的印度教徒特性說法主要是「對內性」的，並且只有在特定事件爆發時，才表現對巴基斯坦的敵意與不信任，對外言論上相對平衡，希望印度與巴基斯坦能走向團結、協商與漸進的合作。儘管在五年當中雙方摩擦不斷，但 1999 年的《拉合爾宣言》（Lahore Declaration）、[31]2000 年印度首度主動單邊停火、2001 年開始與巴進行和平對談，都是印巴關係重要的進展。簡言之，BJP 在任時期雙方雖偶有衝突，但基本上 BJP 仍跟隨 INC 的溫和路線，並力圖能超越 INC，而有所作為。[32]

---

[30] Ibid, pp.319-327.

[31] 此宣言為印巴關係的重大突破，1992 年 2 月 20 日瓦傑帕伊與印度高級官員搭乘一輛巴士從新德里抵達巴基斯坦拉合爾（Lahore），與巴基斯坦總理夏立夫（Nawaz Sharif）進行高峰會談。印巴創下空前友好的關係，也是對過去幾年核武競賽後雙方關係的緩和，宣言中展現合作並解決衝突的意願與誠意。

[32] Chris Ogden," Norms, Indian Foreign Policy and the 1998-2004 National Democratic Alliance," *The Round Table*, Vol.99, No.408(2010), pp.305-308.

（二）核武試爆

　　印度自獨立以來就開始進行核子研究，自 1962 年中印戰爭、1965 年印巴邊界衝突，以及最重要的 1964 年中共核子試爆後，印度發展核武的態度轉向積極，1974 年五月進行首次試爆，此後面對國際多方的制裁與施壓，核武的發展一直沒有公開的突破。直到 BJP 於 1998 年 3 月二度上任後，5 月總理瓦傑帕伊即宣布進行五次的核武試爆，並於 5 月 11 日及 13 日兩日內分別進行三次與兩次試爆，完成後正式公開宣布印度為核武國家。印度是 1970 年代「核不擴散條約」（Nuclear Non-Proliferation Treaty, NPT）生效以來公開挑戰條約的國家。[33]

　　核武一向是印度軍事、國防與戰略的重點，尤其對 BJP 來說，為了實現「印度教國家」（Hindu Rashtra）、發揮「印度教徒特性」英勇、強壯的形象，展現印度文化、軍事能力更是首要的方式，同時確立在國際上的強國地位與實力。核武的試爆除了獲得印度多數人民、RSS 等印度教民族主義組織大力呼籲外，印度各政黨也都予以肯定，認為印度一定要發展核武，這是唯一可以確保印度不被周遭國家侵犯的方式。

　　就瓦傑帕伊來說，核武試爆代表對內與對外兩種意義：對外來說，仍是以民族主義作為基本訴求，認為國際社會長期忽視印度的軍事實力與地位，為了向外界證明印度的軍事力量，並且與中國、巴基斯坦作軍事能力上的抗衡，對抗周圍恐怖主義與分離運動勢力，發展核武勢在必行；另一方面，印度自獨立以來未擺脫被殖民心態，強調「中立政策」、「不結盟」（non-alignment），堅持獨立自

---

[33] 另一個國家為以色列，但他們並未公開承認。

主的能力與自我價值，因此不該受限於國際輿論與環境的打壓，一定要堅持核武的原則與立場。[34]

對內來說，核武試爆對瓦傑帕伊確立領導權威相當關鍵。1998年第二次執政，對於 BJP、瓦傑帕伊來說都要相當謹慎，必須擺脫1996 年執政十三天的窘況，並且消弭外界對 BJP 能否再度領導聯合內閣的疑慮。因此瓦傑帕伊甫上任就必須展現其過人的氣勢與自信，除了鞏固領導地位外，也展現政府實力。[35]以社會層面來說，《羅摩衍那》連續劇風靡印度，當時狂熱的宗教份子運用印度教徒特性與印度教另一經典《摩訶婆羅多》（Mahabharata）與核武連結，將史詩中的戰爭場景、武器和核武比擬，告訴印度人民印度擁有核武的歷史依據和立場，以此凝聚印度人民的愛國心與自信，加深對印度教的認同。[36]

總結來說，BJP 自 1998-2004 年對巴基斯坦的態度，其實和它在選前有所區別，除了在軍事、國防、領土上堅持其立場，在喀什米爾與旁遮普兩地議題將巴基斯坦視為主要威脅外，基本上瓦傑帕伊仍維持前朝的方向，維持友好與和平的關係，就算雙方的關係一直呈現起起伏伏的狀態，但政府不會刻意的挑起衝突。不過，對國家內部的向心力與對組織成員的凝聚，面對伊斯蘭恐怖主義的擴

---

[34] 陳牧民，〈南亞核武議題：歷史發展與現況〉，《全球政治評論》，第 38 期（2012 年），頁 15-20；陳純如，〈印巴和平進程──1998-2004 年〉，《問題與研究》，第 47 卷第 1 期（2008 年），頁 62-66；Chris Ogden, *op. cit.*, pp.308-311.

[35] Apurba Kundu, *India's National Security under the BJP/NDA:"Strong at Home, Engaged Abroad"*(Brussels: European Institute for Asian Studies (EIAS), 2004), pp.9-10.

[36] Rashed Uz Zaman, "India'S Strategic Culture And Its Nuclear Policy," (2012/6/2), http://www.asiaticsociety.org.bd/journals/Dec_2008/contents/Rashiduzzaman.htm #_edn1;請參照影片： IBLT(2012/6/2), http://www.ibtl.in/video/6270/nuclear-weapons--mentioned-in-the- mahabharat.

張、領土邊界問題，就將穆斯林與印度教的歷史恩怨帶入，朝向印度教民族主義的論述，就算 BJP 政府不會公開以伊斯蘭、印度教為邪與正的代表主體，然而其它外圍組織的行為與言論卻非其所能掌控，也加深 BJP 在印巴關係與其他外交議題上的複雜度。

若說 BJP 以社群主義、宗教民族主義奠定其執政基礎，但在外交政策上卻沒有明顯的彰顯，不論是印度教民族主義、印度教徒特性的論述，或是批評前朝的外交政策，都相當少見。而國外學者對此時期的外交政策就認為，印度教民族主義來自於對印度教的自豪與自戀，而其彰顯從民族主義、軍事化到中立、不結盟的政策核心，印度教的理想主義成就了 BJP 的國內選舉與權力，但在外交政策上，執政者仍不脫離現實主義的框架，追求國家利益、雙邊利益為最優先。[37]

第三節　教育與宗教政策

分析 BJP 時期的經濟與外交政策，仍可發現其為穩定內閣而走向溫和路線，強調整體經濟的發展為首要目的，而外交上也以和諧、穩定為主，不容易有意識型態的影響。但當政策回歸於內部的教育問題、宗教社群問題，BJP 就比較容易展露其宗教意識型態，不論是其本身所推動的政策或是聯合家庭成員的行動，BJP 特定的立場總使其備受評議。

---

[37] Partha S. Ghosh, *op. cit.*, p.347; Chris Ogden, *op. cit.*, pp.311-312.

壹、教育政策

一、教科書爭議

　　在 BJP 成立初對教育議題、教科書的改革就相當重視，他們認為，當前印度教科書中對穆斯林、世俗主義的論述是對印度教法的貶低，BJP 有責任與義務去矯正與修改。配合印度聯邦憲法賦予各邦在教育上有獨立的行政權，對於有心將印度教文化、精神納入教育，提倡印度教建國、強化印度教文明延續的政黨與團體來說，這是一個相當有利的規定。是故，在 90 年代初期 BJP 執政的邦中，將教育與印度教民族主義連結的現象就已出現。

　　在印度教民族主義的意識型態下，BJP 相信「民族」應深根於教育，而 INC 領導下只關心印度走向現代化、強調高等教育，對於基礎教育上的文化、歷史、民族領域教育並不足夠。此外，在 INC 強調英語教育同時，就把印度人無意識的分為兩個階級，英語與非英語，前者控制了多數的國家資源，而「非英語」的階級就成為缺乏優勢的社群。

　　教育在印度一直是被探討的議題，但有關教科書內容上的爭議，在 INC 執政時仍不普遍，當時大多討論的是教育管理與制度面的問題，直到 1960 年代 INC 在中央與地方聲勢下降，此議題才逐漸浮現，尤其在古吉拉特與馬哈拉施特拉邦，其教科書中不乏強調印度的過去、印度對抗穆斯林的過去，談論印度神話、印度教與印度的連結等。[38]

---

[38] Partha S. Ghosh, *op. cit.*, pp.238-240.

BJP 漸漸在政壇上展現實力後，不論在中央或地方透過掌控國家與行政機器，追求印度教復興運動，包括修改教科書關於印度歷史、印度教發展等論述，希望弘揚印度文明的偉大與重要，凝聚印度民族意識。其實，在人民同盟（JS）時期，這樣的政策就已開始在推動，當時 JS 是人民黨中的最大黨，當時所發行的教科書中就已出現「大印度教思想」，批評世俗主義，BJP 年 1998 年執政時更是變本加厲，在中央邦甚至要求大學生購買薩爾瓦卡撰寫的歷史書，在印度社會引起一陣批評與撻伐，學者、媒體相繼公開批評政府的謬誤，認為此舉有害印度的統一與現代化。[39] BJP 政府在輿論的壓力下，也快速做出修正以平息爭議。

二、全印度教教育學校

在第三章中提到 RSS 的附屬機構 Vidya Bharati（VB）是聯合家庭中相當重要的教育機構之一，雖 VB 與 BJP 並無直接資助關係，但事實上 BJP 在其執政的邦與 1998 年中央執政時都相當支持VB 的設立。BJP 試圖與 VB 保持一定的距離（就如同與 RSS 關係一樣），不過根據文章表示，BJP 在執政時的許多教育政策都有考量 VB 的建議或受其影響，VB 學校中許多被「國家教育與培訓委員會」（NCERT）認定有爭議的教科書也都流入 BJP 執政所屬的地方公立學校。

以維持聯合內閣穩定為前提，BJP 走向中間路線、強調與 VB並無牽連只是有共同的想法；但本於其選舉時所提出的「全面教育」（education for all）政策，當 BJP 在 1998 年組閣時，由 RSS、BJP

---

[39] 沈恩著，陳信宏譯，前揭書，頁 97-102。

指標性人物喬希（M. M. Joshi）負責教育部門，其藉政策之名希望
達到大印度教育改革目的，BJP 1996 年組閣時就想將國家文化與價
值精神的課程納入各公立學校教育，如同 VB 學校一樣，只可惜這
次的政策因中央不得介入地方教育的原則而推動失敗。

　　在 Aditya Mukherjee 等人所著的《RSS, School Texts and the
Murder of Mahatma Gandhi: The Hindu Communal Project》一書中詳
細分析了 RSS、VB 推動「印度教民族主義」、視雅利安人（Aryan）
為印度的起源、祖先，仇視穆斯林、基督徒與西方勢力教育的內容。
如在當中不乏關於巴布里清真寺的歷史章節，當中的問題陳述如：

● 誰在羅摩出生地——「阿瑜陀」建造了第一間廟（Who got the
first temple built on the birth place of Shri Ram in Ayodhya）？
解答：羅摩的兒子（Shri Ram's son Maharaja Kush）；
● 哪一位穆斯林強盜在西元 1033 年入侵阿瑜陀廟（Which
Muslim plunderer invaded the temple in Ayodhya in AD
1033）？
● 為什麼 1990 年 11 月 2 日被稱為印度歷史的黑暗日（Why will
2 November 1990 be inscribed in black letters in the history of
India）？

　　或在內容中批評其他宗教，認為基督教徒反國家（anti-national）、
威脅印度完整性，多數的內容與教課書，都被證實與 BJP 的教育政
策、教育團體有關，並推行在國內各地。[40]

---

[40] Aditya Mukherjee, Mridula Mukherjee and Sucheta Mahajan, *RSS, School Texts and the Murder of Mahatma Gandhi: The Hindu Communal Project*, *op. cit.*, pp.17-44(18-20, 26-27,40).

三、新學校教育課程架構

2000 年 BJP 確定站穩執政時，同樣由 Joshi 擔任教育部長，推動「新學校教育課程架構」（New Curriculum Framework for School Education, NCFSE），此次教改之所以能推動順利是因為 BJP 知道或刻意安排 NCERT 由偏右派的 RSS 成員組成，有 NCERT 的背書，使 NCFSE 得以順利推動。

NCFSE 主要的精神在於將公立學校的課程納入「印度化」（Indianization）、「民族主義」（Nationalism）、「精神化、心靈化」（Spiritualization），作為推動復興印度文化教育的根基開端。此外，在新的課程架構中，涵蓋了許多有性別區隔的課程，例如女生必修「家事課」（housekeeping）。除了實質內容上的調整，此次改革最重要的是提出了兩個法規範、組織上的改變，首先，重新立法凡主動去相關組織登記的教育機構，可存續至少十年；第二，修改憲法第 29、30 條允許少數民族得興建學校之規定，以上兩個規定，前者被指責是為保障 VB 與 RSS 的利益，而後者被認為是對抗穆斯林與基督教學校的增加。

儘管此計畫最終被最高法院判定違憲而於以否決，但特別是在歷史論述、社會科學的部分已經有許多被改寫的教科書進入校園。此外，同樣在 BJP 執政的地方如古吉拉特邦、中央邦、拉賈斯坦邦卻早已開始執行。新的課程架構直至 2004 年 INC 領導的「團結進步聯盟」UPA 再度執政後，首要工作就是將這些有爭議的教科書與課程內容廢除，重新校訂「全國課程架構草案」（Draft National Curriculum Framework）。[41]

---

[41] Padmaja Nair, *op. cit.*, pp.56-60.

　　教科書引發的爭議至今仍未停止，根據印度雜誌 *Frontline* 2012
年2月的報導，BJP與SS目前執政的中央邦與克納塔克邦在2011
年將印度史詩「摩訶婆羅多」的其中一章「薄伽梵歌」（Bhagvad
Gita）[42]納入學校的課程中，並欲將之訂為義務教育的一部分，但
在中央政府、教育學者與各政黨等教育組織的反對下，邦政府才將
之改為選修課程。此外，2001年在古吉拉特邦的教科書中含有「反
少數民族」（anti-minority）內容的章節至今仍存在，並將少數民
族視為當今國家面對的首要問題，其所稱之少數民族包含表列種
姓（SC）與表列部落（ST），並且在內容中甚至將穆斯林、基督
徒與拜火教徒（Parsis）視為「外來者」（foreigners）。[43]雖然邦政府
聲稱已將該章節刪除，但從地方上許多報導都可以發現此狀況並未
停止。[44]

貳、宗教與內政

　　BJP在選前所信奉的印度教民族主義，防止外來宗教勢力擴張
等大印度教民族主義口號，究竟在其執政後宗教政策與國家內政
上，有何種表現？

---

[42] 「薄茄梵歌」（Bhagavad Gita）是印度教重要經典，簡稱為「Gita」「神之
歌」，內容共有十八章，講述的是毗濕努神第八個化身「黑天」如何用印度
教的宗教信念與概念說服戰士阿周納參戰的故事。

[43] 該章節為教科書的第九章「國家的問題與其解決之道」（Problems of the
country and their solutions），其將少數民族問題與貪腐、賄賂並列。

[44] Venkitesh Ramakrishnan, "Communal Curriculum," *Frontline*(2012/4/22),
http://www.frontline.in/fl2903/stories/20120224290301000.htm.

一、對宗教團體的限制

2001 年 BJP 政府禁止伊斯蘭教團體 Deendar Anjuman 的組織申請案，認為他們與 2000 年 7、8 月在克納塔克邦一連串基督教教會爆炸、鐵路、煉油廠等公共建設攻擊有關，並且認為他們是危害社會安全、社群和諧的團體。[45]但根據後續的調查與報導凸顯此論述中的兩個疑點，首先是在伊斯蘭教發起的恐怖攻擊中與 Deendar Anjuman 有關的非常少；再者，發生於印度的基督教受攻擊事件中，肇事者極少是伊斯蘭團體，多為印度教極端主義者或組織。除此之外，對於此次事件調查的公正度與證據的明確性都受到質疑，大多數的分析都認為印度教的基要主義團體應負更大的責任。[46]因此，儘管 NDA 一再保證他們尊重宗教自由、維持世俗路線，但在 BJP 的領導下，仍有許多得受公評的決策與行為。

BJP 統治的果阿（Goa）、喜馬偕爾邦、古吉拉特、北方邦，常有報導傳出邦政府對宗教社群衝突的回應不夠積極、調查拖延等狀況，以致助長宗教基要主義團體的行動。1992-93 年爆發的孟買連環爆炸攻擊事件，造成印度教、伊斯蘭教共 700 多人死亡，直到1998 年 2 月衝突發生後五年，才有報導指出當時事件是由濕婆軍黨所策劃主導，但 SS-BJP 聯盟政府反對此一說詞，並將該報導貼上「反印度教」（anti-Hindu）的標籤。直到 2000 年 7 月，馬哈拉斯特拉邦才逮捕 SS 領導人 Bal Thackeray，認為他支持、領導該次的衝突，但旋即因超過煽動罪的起訴期而被釋放。[47]孟買發生過的

---

[45] "Deendar Anjuman banned," *The Hindu*(2012/3/4), http://hindu.com/2001/05/04/stories/01040007.htm.

[46] Zafar Ahmed, *op. cit.*, p.154.

[47] Asghar Ali Engineer, "The Politics of Arrest of Bal Thackeray," Secular Perspective August 1-15, 2000, *Centre for Study of Society and Secularism*

宗教衝突、恐怖攻擊自 1992 年至今已不計其數，最嚴重的為 2008
年與 2011 年兩起，其背後均背負著複雜的宗教因素。

二、宗教歧視性政策與修正公務員人員行為規範

　　1998 年與 2003 年古吉拉特邦與中央邦均由 BJP 執政，在執政
期間興建了許多貧民窟，主要針對穆斯林與基督徒等少數社群的區
域，並且企圖挑戰當前的世俗教育。經「印度／獨立人民法庭」[48]
（Indian/Independent People's Tribunal，以下簡稱 IPT）委員會調查，
認為此一政策試圖邊緣化穆斯林與基督徒社群，甚至有系統的剝奪
或清除其土地所有權。而調查亦指出，在政府的公職人員中尤其是
地方性的低階公務員或警方，常有以「印度教徒特性」為概念的歧
視性政策與舉動。[49]

　　公務人員的規範上，1986 年印度中央就已訂立「公務人員行
為規範」（Civil Servants Conduct Rules），該法案中規定公務員不得
加入特定的宗教組織如 RSS、VHP、印度教大齋會、穆斯林組織「All
India Muslim Majlis-E-Mushawara」（AIMMM）等 25 個團體，此一
規範適用於地方與中央。但在 BJP 執政的部分邦中，如古吉拉特、
比哈爾等地，2000 年都被爆出地方政府有意修改地方上該法案中

　　(2012/5/11), http://andromeda.rutgers.edu/~rtavakol/engineer/balthack.htm.

[48]　「印度/獨立人民法庭」（Indian / Independent People's Tribunal）成立於 1993
　　年 6 月 5 日，是一個 500 位律師、人權運動者、法官等非政府組織組成的
　　民間組織。主要在協助社經地位低的社群提升其應有的權利，監督與調查
　　人權與環境議題，將地方性的人權問題提交中央或國際討論層級。資料來
　　源：http://www.iptindia.org/（2012/5/7 瀏覽）

[49]　Venkitesh Ramakrishnan, "War by other means," *Frontline*(2012/5/8), Vol.29
　　(2012), http://www.flonnet.com/fl2903/stories/20120224290300400.htm.

的團體清單，特別是將 RSS、BD 從禁止清單中撤除，中央政府雖無鼓勵但也沒有勸阻他們的行動，中央保持低調仍是因為要穩定聯合內閣的限制，但在地方上如古吉拉特等 BJP 執政之邦，將不會有這樣的顧慮。

批評者認為，政府的作法有鼓勵公務員甚至民眾加入 RSS 的意圖。然而，其實在過去儘管有禁止令，公務員加入 RSS 仍非常普遍，若再修法，會連法官、司法人員都可加入，將會造成更嚴重的社群衝突。[50]

三、禁止牛隻宰殺政策與反改宗政策

禁止牛隻宰殺的命令在印度憲法§48 中明定：「政府當致力規劃以現代化的科學方法發展農業與飼養動物，尤其應當採取措施保護並改善品種，且禁止屠殺牛隻、小牛犢，以及其他的乳牛和耕牛。」，[51]在 BJP 執政的邦更是不斷被提及，2004 年在 SS-BJP 執政的中央邦發布了 Madhya Pradesh Gauvansh Pratishedh Adhiniyam（Madhya Pradesh Bovine Prohibition Act, 2004），增加了許多禁止屠牛的法令，並且加重宰殺牛隻的刑責，由三年徒刑增加至七年，克納塔克邦在 2008 年由 BJP 執政後也有相同的狀況。[52]

---

[50] V. Venkatesan, "Beyond a ban," *Frontline*(2012/6/14), Vol.17(2000), http://www.frontlineonnet.com/fl1702/17020470.htm.

[51] 印度憲法§48 原文為：Organisation of agriculture and animal husbandry. —The State shall endeavour to organise agriculture and animal husbandryon modern and scientific lines and shall, in particular, take steps for preserving and improving the breeds, and prohibiting the slaughter, of cowsand calves and other milch and draught cattle.參考 *The Constitution of India*.

[52] Venkitesh Ramakrishnan, "War by other means," ibid; Karnataka:Saffron

　　印度首次出現禁止宗教改宗的法案是 1967 年奧里薩邦，法案中禁止任何形式的宗教信仰改變，不論是誘使他人改宗，或是改宗者，都將受刑法制裁，此一政策開啟了印度在宗教自由上的嚴重爭議。[53]BJP 政府尤其在古吉拉特、拉賈斯坦邦「宗教自由法案」（Freedom of Religion Act）頒布後，反對並禁止宗教的改宗（anti-conversion），古吉拉特第一大城亞美達巴德（Ahmedabad）的一位女性，因在婚前由印度教改為伊斯蘭教與穆斯林伴侶結婚，被處以九天的刑責，而這只是因改宗而被判刑的諸多案例之一。[54]

　　此以宗教自由之名所立的法案，一方面是防止民眾在受誘惑或不情願的狀況下被迫改宗，但如此一來卻是對信仰自由嚴重的侵犯，且此一政策有特別針對基督教與伊斯蘭教的擴張而更加嚴厲、嚴格，相關的報導在印度相當常見，如 *Frontline* 雜誌常會對特定的邦與議題進行系列的報導，都可作為參考、研究資料。[55]

---

project," *Frontline*(2012/5/19), Vol.29(2012), http://www.frontlineonnet.com/fl2903/stories/20120224290303000.htm

[53] V. Venkatesan "Conversion debate," *Frontline*(2012/5/19), Vol.25(2008), http://www.frontlineonnet.com/fl2519/stories/20080926251902600.htm

[54] "Ahmedabad couple in trouble for religious conversion," *Time of India* (2012/5.19), http://articles.timesofindia.indiatimes.com/2011-12-31/ahmedabad/30576272_1_religious-conversion-gujarat-freedom-religion-act.

[55] "Karnataka : Saffron project," *Frontline*, Vol.29(2012), http://www.frontlineonnet.com/fl2903/stories/20120224290303000.htm; "Project Orissa," *Frontline*, Vol.25 (2008), http://www.frontlineonnet.com/fl2519/stories/20080926251900400.htm.

圖 4.3　BJP 黨部中設置「牛與發展部門」（Cow & Development Cell），更加彰顯與證明「牛隻保護」政策在 BJP 政黨中的重要性。

第四節　國內宗教社群衝突與 BJP 之關聯

　　BJP 從 1996 年大選開始就不斷想淡化該黨印度教民族主義的意識型態與立場，但除了本身態度模糊外，印度兩大宗教衝突的發生，BJP 似乎都無法撇清關係，第一是在 BJP 執政前的阿瑜陀事件，第二是執政時 2002 年發生的古吉拉特事件，也因為這兩次的衝突，使 BJP 形象大受影響，對於其所代表的印度教徒特性對印度社會的負面影響，更成為往後選舉中不斷被提及的政黨包袱。

壹、阿瑜陀事件

一、事件始末

1992 年 12 月 6 日，RSS、BJP、VHP 聯手帶領上萬民印度教徒徒手搗毀了 1528 年蒙兀兒帝國建造的巴布里清真寺（Babri Masjid），這座位於北方邦（Uttar Pradesh）阿瑜陀市（Ayodhya）的古老清真寺位置被印度教徒指出正是印度傳奇英雄「羅摩」（Rama）的出生地。

清真寺的爭議早在英國殖民時期 1855 年就發生第一次的衝突，三天的衝突，造成近 200 人死亡。1859-60 年英國政府決議讓穆斯林保有原來清真寺，同時也讓印度教徒得在清真寺的西邊建印度廟，但此決議遭穆斯林的反對，穆斯林主張在清真寺北邊留給印度教徒朝拜，雙方無法達成共識，問題也未得解決。1885 年當地的神職人員又向法院申請建廟，但法院以位置太接近，會影響社群和諧而否決，1934 年阿瑜陀市又爆發了大規模的衝突，上百位穆斯林因而身亡；政府即強制將該區域劃歸為禁區，只允許每周五開放。90 年代中期，此地方的爭議則由雙方各自組成團體進行協商談判，但最終都沒有共識且對立更嚴重。

1980-1990 年開始由 BJP 與 VHP 主導阿瑜陀建廟運動，而事件會在 80 年代末再度爆發，與當時拉吉夫・甘地（Rajiv Gandhi）的政策與政治動機相當有關，那瑞維副研究員表示，阿瑜陀事件會爆發、印度教民族主義在當時高漲，是由拉吉夫 1986 年重新開放清真寺決定而來，並再度激化雙方的對立。[56]BJP 領導人阿德瓦

---

[56] 事件主因來自 INC 政府審理一件有關穆斯林婦女爭取贍養費的案件。因為

尼，1990 年發動第一次「戰車遊行」（Rath Yatra），自 9 月 25 日開始，由古吉拉特邦出發（因為該邦是唯一由 BJP 執政的邦），以阿德瓦尼裝扮為羅摩王的形象，坐在豐田汽車改裝的戰車上開始遊行，沿路蒐集石塊做為建廟的材料，於 10 月 30 日抵達阿瑜陀市，除了在北邊幾個邦，因邦長反 BJP 而不准進入外，遊行繞經幾乎全印度各邦。但第一次的行動，最後因阿德瓦尼遭當時邦執政黨「人民黨」（JD）逮捕而解散，不過 BJP 旋即以撤銷中央議會對人民黨的支持為報復，導致以辛格（V. P. Singh）為首的人民黨政府垮臺。根據 Ashis Nandy 主編的 *Creating a Nationality: The Ram Janmabhumi Movement and the Fear of the Self* 一書中的統計，事件造成千人以上的死傷，其中以馬哈拉斯特拉邦死亡人數最多為 434 位，古吉拉特 258 位、北方邦 170 位。[57]

　　1992 年 BJP 和 VHP 不顧印度最高法院的禁令，仍執意建廟活動，起初執政的 INC 總理拉奧（Rao）與阿德瓦尼舉行多次談判，INC 當時贊成在巴布里清真寺「旁」再建羅摩廟，但 BJP 堅決要求毀寺建廟，會談持續了 3 個月，未取得結果。1992 年 12 月 6 日，20 多萬印度教徒聚集在阿瑜陀，阿德瓦尼和前面提到的喬希（Joshi）等領導人帶領印度教徒拆毀了寺廟圓頂。此舉引起全印度

印度當時規定的婚姻制度是有贍養費的規定，但這樣的規範並不存在於穆斯林，因此政府為討好穆斯林而將取消贍養費的規定；此法領頒布後引發印度教徒的反彈，於是拉吉夫並將阿瑜陀寺廟的解禁，作為對印度教徒的補償，此後穆斯林社群於該年成立了 Babri Masjid Movement Coordination Committee(BMMCC)，自發性的組織向政府遊說、保護寺廟，而 VHP 則開啟了第二次的建廟遊行。"What if Rajiv Gandhi hadn't unlocked the Babri Masjid in 1986?" *Outlook India*, (2012/6/7), (23th August, 2004), http://koenraadelst.bharatvani.org/articles/ayodhya/unlock.html.

[57] Ashis Nandy et al., Creating a Nationality: The Ram Janmabhumi Movement and the Fear of the Self(New Delhi: OUP,1995)，轉引自 Partha S. Ghosh, op. cit., p.96.

伊斯蘭教徒與印度教徒的流血衝突，造成 1700 多人喪生，逾千人受傷，印度政府為了避免擴大衝突，決議關閉清真寺，禁止外人進入。

　　這是 1947 年印度獨立以來最嚴重的宗教族衝突，印度多數的邦相繼發生了宗教暴力事件、罷工罷市、焚燒寺廟、殘殺對立教派信徒等。事件發生四天後，印度政府宣佈取締 VHP 和 RSS 等 5 個宗教團體，並於 12 月 15 日解散 BJP 領導的中央邦、喜馬偕爾邦和拉賈斯坦邦三個邦政府，交由聯邦政府直接管理，此事件是印度教民族主義組織近年轟動國際的事件之一，阿瑜陀事件不但成為 BJP 日後主打的選戰議題，藉以吸引印度教徒的選票，也使印度教民族主義在之後幾年氣勢達頂峰，BJP 也有機會入主中央。

　　整起事件最終交由司法體系進行調查，主要的調查機關包含印度中央調查局（Central Bureau of Investigation ,CBI）負責進行，審判方面由北方邦「安拉哈巴德高等法院」（Allahabad High Court）、特別法院（Special Court）、最高法院（Supreme Court）負責審理。審判至今 BJP 的領導階層不斷被指稱在事件中有煽動群眾的言論。[58]

二、影響

　　阿瑜陀事件雖造成許多死傷和印度社會的動盪，但它卻代表了「印度教徒」、「印度教民族主義」的勝利，而據調查，聯合家庭列出了攻擊清單包含 300 個像阿瑜陀事件一樣的清真寺。這一股沸騰的宗教集體氛圍和 BJP、RSS 等組織英勇的形象，加強民眾對 BJP 的好感與支持，阿瑜陀事件更可說是印度教民族主義的「代表作」，

[58]　"Ayodhya: Witness tells court BJP leaders raised provocative slogans," *Zeenews* (2012/5/10), http://zeenews.india.com/news/uttar-pradesh/ayodhya-witness-tells-court-bjp-leaders-raised-provocative-slogans_683142.html.

帶給 BJP 之後幾年選舉驚人的選票（1991 年獲得 120 席），也奠定
BJP 在此一宗教社群中的重要地位。

　　BJP 對於阿瑜陀事件從原先單純只想拆毀清真寺開始，演變到
後面不可收拾的全國宗教社群衝突，除表達形式上的歉意也對後續
的失控表示無奈，BJP 同時也指責 INC、人民黨、左派政黨與穆斯
林的不負責任，以及指控是穆斯林先發動攻擊。[59]

　　至此之後，在阿瑜陀興建羅摩廟的議題即成為 BJP 選戰與政策
主軸之一，聯合家庭成員在過去二十年積極推動、敦促 BJP 要有所
作為。但是考量政治生命與權力延續，BJP 在上任後即將此爭議擱
置，而主張交由法院進行判決。然而 BJP 至此事件後就不再於此邦
獲得政權（BJP 於北方邦歷年選舉得票結果，參見表：4.2）。[60]

三、現況

　　纏訟多年建廟爭議幾經轉手終於在 2010 年作出判決，最高法
院將該地分為三個部分其中兩部份歸屬印度教徒，一部分屬穆斯
林。[61]經 RSS 官方網站上針對阿瑜陀事件的判決結果進行「What is
your reaction to Ayodhya Judgement」民調，自 2010 年 10 月 2 日起
到 1012 年 5 月 7 日止總計 19,005 人的投票中，「不滿意」（not

[59] Partha S. Ghosh, *op. cit.*, p.261.

[60] "Ayodhya central to BJP's rise & fall at Centre, UP," *Times of India*(2012/5/10), http://articles.timesofindia.indiatimes.com/2010-10-01/india/28213703_1_ayod hya-bjp-leaders-vhp. "BJP loses in Ayodhya constituency first time since 1992," *The India Daily*(2012/5/10), http://www.theindiadaily.com/news-headlines/ bjp-loses-in-ayodhya-constituency-first-time-since-1992.

[61] "Indian Court Divides Disputed Ayodhya Holy Site," *The New York Times* (2012/5/20), http://www.nytimes.com/2010/10/01/world/asia/01india.html?_r=1.

satisfied）占總人數的 50.6%；「滿意」（satisfied）占 31.4%；「非常滿意」（most happy）占 18%。顯示在印度教社群中，對於平分土地之判決結果大都無法接受。就穆斯林社群而言，他們也不滿意法院的判決，無法接受法院以「公平與信念」而非「證據與合法性」作為其判決依據。儘管雙方都對判決不滿，但當時的社會氣氛都在鼓吹和平、和諧，呼籲各自群眾不要被政黨、政治人物煽動，而使悲劇重演。總理辛格還為此判決公開發表一則聲明，認為為若各政黨能接受判決，此爭議才會結束，期望事件結束，讓印度的法政、人民都更向前一步。[62]

　　除了建築物本身的爭議，直至現在仍爭執不休的是對當時主事者的審判，包含阿德瓦尼等 BJP 為首的 41 位領袖，對於他們應負的責任與審判，遲至今日仍未有定論。不論是在法院層級上的延宕、迂迴，審判方式的意見不一等等都使印度當前近乎每天的報紙都有相關議題的討論。[63]

---

[62] Man Mohan Rai, "Mulayam uses Ayodhya verdict to seek Muslim votes," *The Economic Times*(2012/5/7), http://articles.economictimes.indiatimes.com/2010-10-02/news/27622742_1_ayodhya-verdict-muslim-voters-communal-passion;
"Shiv Sena, Muslim body call for peace after Ayodhya judgment," *Business Standard*(2010/5/7), http://www.business-standard.com/india/news/shiv-sena-muslim-body-call-for-peace-after-ayodhya-judgment/408710/; "Ayodhya verdict: PM appeals for calm," *Times of India*(2012/5/10), http://articles.timesofindia.indiatimes.com/2010-09-29/india/28216486_1_ayodhya-verdict-judgement-traditions-of-indian-culture." Ayodhya verdict: Prime Minister appeals for communal peace," *New Kerala.com*(2012//5/10), http://www.newkerala.com/news/world/fullnews-51847.html

[63] "Ayodhya: CBI opposes dropping conspiracy charges against Advani," *The Hindu*(2012/5/10), ttp://www.thehindu.com/news/national/article3394537.ece;" VHP activists held in Ayodhya,"*Times of India*(2012/6/3), http://timesofindia.indiatimes.com/city/lucknow/VHP-activists-held-in-Ayodhya/articleshow/11312326.cms; "Babri Masjid demolition was just an incident, says Supreme Court," *Times of India*(2012/6/3), http://timesofindia.indiatimes.com/india/

　　事實上，阿瑜陀事件看似落幕，但在印度社會留下的陰影至今仍未消逝，ORF 賴潔希研究員表示，儘管當前印度教徒與其他宗教的關係並非所想像的充斥對立，但每年到了 12 月 6 日社會上的氛圍仍是緊張的、憂慮的、害怕的，深怕有任何不經意的事件又引爆成全面的衝突。[64]

　　同時，狂熱的印度教民族主義者對此議題仍投以相當多的關注，不論是討論該地區伊斯蘭勢力的崛起威脅多數印度教的生存，甚至指責 BJP、RSS、VHP 等至今對此事件的忽視與不重視；根據一印度教組織網站「Struggle for Hindu Existence」報導，北方邦近期伊斯蘭勢力崛起，印度教勢力被「社會主義黨」（SP）與地方伊斯蘭地方政黨「和平黨」（Peace Party）、Qaumi Ekta Dal 取代，報導中相當憂心印度教徒在該地的勢力與地位。[65]

　　就北方邦各政黨歷年的表現與 BJP 在此事件後的影響，在 1990 年以前，此地區由 INC 以單一過半最大黨領導；直到 1991 年阿瑜陀事件爆發前 BJP 的實力大增，取代 INC 成為最大多數。但也自 1993 年事件結束後，BJP 的表現是每況愈下，取而代之的是兩個地方政黨 SP 與 BSP 兩大政黨交替，BJP 近乎完全遠離此區塊。由此可見該事件對 BJP 造成極大的負面影響。（參照圖 4.2 及表 4.2）。

Babri-Masjid-demolition-was-just-an-incident-says-Supreme-Court/articleshow/11512535.cms.

[64] 訪談於 5 月 10 日，台中，詢問阿瑜陀事件對當前社會影響。

[65] "Coming Islamic regimen will stop Ram Janmabhoomi Temple and start forceful cow slaughter in Uttar Pradesh. Hindus will be put a in peril," (2012/5/10), http://hinduexistence.wordpress.com/2012/03/10/coming-islamic-regimen-will-stop-ram-janmabhoomi-temple-and-start-forceful-cow-slaughter-in-uttar-pradesh/.

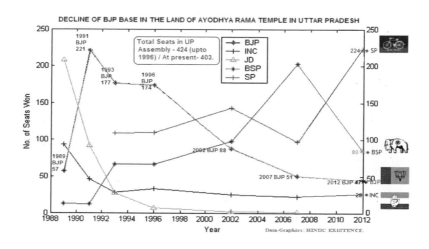

圖 4.2 北方邦各政黨得票變化比較

資料來源："Coming Islamic regimen will stop Ram Janmabhoomi Temple and start forceful cow slaughter in Uttar Pradesh. Hindus will be put a in peril,"(2012/5/10),
http://hinduexistence.wordpress.com/2012/03/10/coming-islamic-regi men-will-stop-ram-janmabhoomi-temple-and-start-forceful-cow-slaug hter-in-uttar-pradesh/.

表 4.2 BJP 與 SP 於北方邦（UP）議會席數

政黨 \ 席位 \ 年	1991	1993	1996	2002	2007	2012
BJP	221	177	174	88	51	47
SP	X	X	110	143	97	224

資料來源：Election Commission of India。筆者繪製整理。

貳、古吉拉特邦的宗教社群衝突

古吉拉特邦一直是 BJP 執政的重要指標，BJP 在此的經營相當長久，儘管爭議不斷，但其所創下的經濟成績，似可掩蓋其受爭議的宗教政策，不過，在印度、國際媒體的輿論中，驚動國際的古吉拉特事件以及相關宗教性法案、作為，都讓外界更加審慎檢視 BJP 的執政內含與方式。

一、古吉拉特事件

古吉拉特事件是自阿瑜陀事件爆發後，印度發生另一起擴及全國的宗教衝突，而此事件也是阿瑜陀事件的延續，當時正逢 BJP 於中央執政，地方政府也在 BJP 的統治之下，因此，事件爆發後，嚴重打擊 BJP 的形象，且批評排山倒海而來。

（一）事件始末

阿瑜陀事件經過十年後，2002 年初 VHP 對外廣布宣稱將於 2002 年 3 月 15 日在阿瑜陀重建羅摩廟，並自二月中旬，數百名印度教狂熱份子與宗教自願者開始包圍廟址，恐嚇並驅離伊斯蘭教徒，更掠奪、攻擊穆斯林的家園與商店，使印度教徒與伊斯蘭教徒的敵對再度醞釀。在 2002 年 2 月 25 日以伊斯蘭教徒為主的吉拉特邦小鎮「哥德拉」（Godhra）（因此，該事件也稱為「哥德拉事件」），當地的報紙、媒體開始動員伊斯蘭社群聚集於車站，揚言對前往阿瑜陀的朝聖者發動攻擊。27 日，滿載印度教徒志願者與朝聖者的

火車從阿瑜陀抵達哥德拉社區時，雙方相互挑釁、衝突升高，先前
動員的伊斯蘭教激進份子對火車投擲丟擲石塊、汽油彈等，造成火
車焚毀，以及 58 名印度教徒死亡。

　　2 月 28 日，VHP 發起稱為「bandh」的全面性攻擊，此攻擊可
說是古吉拉特事件的正式開端，而事前古吉拉特許多特定區域就已
禁止穆斯林進入，衝突從地方性攻擊轉變為大規模、有計劃的全邦
暴動。經過印度「國家人權委員會」（National Human Rights
Commission，以下簡稱 NHRC）調查指出，此次攻擊是一個有組織
性、針對性的攻擊，而 VHP 為此次事件的主導者。然而對於這樣
的說法，當時 VHP 在古吉拉特的領導人 Prof. Shastri 並不否認，但
他宣稱他們的計畫只有在 2 月 28 早上，至於後續的事件則與該組
織無關。此次衝突直到 2002 年 3 月 3 日才逐漸趨緩，事件後印度
教徒社區的反應強烈，雙方的衝突幾周內蔓延全印度，共造成超過
1500 人死亡、380 億盧比（約 228 億台幣）的經濟損失。[66]

（二）莫迪爭議

　　整起衝突中除了宗教激進團體備受指責外，國際輿論大力譴責
的即是該邦執政黨──BJP，因為該邦的行政首長莫迪（Narendra
Modi）雖對外宣稱已盡力控制暴力衝突，但從他當時大受 VHP 讚
揚，就可想像其所謂的控制並不全然公正、公平。此外，莫迪與
BJP 支援古吉拉特罷工事件，給予 VHP 有推行全國性活動的完全
自由，讓印度教徒得以充分串連集合，才使印、伊衝突擴及印度各
地，莫迪甚至在接受訪問時辯稱，他已對暴力行動採取適當且必要

---

[66] Zafar Ahmed, *op. cit.*, pp.137-140.此次事件在 2003 年由導演 Rakesh Sharma
拍成紀錄片《Final Solution》並在 2004 年的柏林影展、香港國際電影節等
世界各地得下大獎，http://rakeshfilm.com/finalsolution.htm.(2012/5/28)。

的控制行動，不過依據當時「國家人權委員會」（NHRC）對此次事件的調查認為 BJP 並未對該區公民提供保護。

在近年的調查中莫迪不斷被指控蓄意讓衝突擴大，並在衝突前的會議上表示：「要讓穆斯林從中得到教訓」、「印度教徒有權力發洩他們的憤怒」等偏袒印度教徒的言論。[67]事件爆發至今，美國仍不願更改 2005 年對莫迪禁發美國入境簽證的決議，[68]莫迪更被美國時代雜誌（Times）列為「2012 百大人物候選人」，其受爭議的程度可想而知。但入選百大人物並不只因為他激進的負面形象，時代雜誌常也對他在古吉拉特所立下的經濟發展，還有他未來的政治野心與潛力作綜合性的分析。[69]

當時中央的 BJP 政府，總理瓦傑帕伊對該次事件相當低調，無多作回應。但在莫迪的訪談中則將問題指向中央政府，認為瓦傑帕伊當時未立即派軍隊進駐，是使衝突無法第一時間控制的主因；同時批評 INC 等反對陣營推卸責任，以及攻擊是由穆斯林先發動，作為對外界批評聲浪的回應。此後幾年，莫迪幾度欲參選黨主席都遭黨部拒絕，此事件也延燒入黨內，被懷疑成黨內鬥爭的陰謀論。但儘管有如此多的批評與爭議，莫迪在當今印度政壇與 BJP 中仍扮演相當重要的領導角色，主要原因與他改造古吉拉特邦經濟發展的成果顯著，可說是印度之首，他們同時積極邀請台灣進駐，也是使

---

[67] Sanjoy Majumder, "Narendra Modi 'allowed' Gujarat 2002 anti-Muslim riots," *BBC*(2012/5/28), http://www.bbc.co.uk/news/world-south-asia-13170914.

[68] "U.S. House concerned at reports of Modi's 'complicity' in riots," *The Hindu*(2012/5/28), http://www.thehindu.com/news/national/article2958007.ece.

[69] "Narendra Modi and the TIME 100: Even an Online Poll Sparks Controversy," *Time*(2012/5/28), http://globalspin.blogs.time.com/2012/04/10/narendra-modi-and-the-time-100-even-an-online-poll-sparks-controversy/

BJP 和台灣的關係更加密切的原因之一。[70]BJP 並且在 2002 年 12 月的地方選舉中以 49.85%的高得票率在總席次 182 席中以 127 席大勝 INC 的 51 席，成為該邦議會中的最大黨蟬聯執政。[71]

二、其他宗教政策爭議

在古吉拉特邦目前存在的宗教社群問題相當多，主要有 1991 年首次實行、2009 年莫迪修改的關於對不動產買賣限制與規範法案，稱為「The Gujarat Prohibition of Transfer of Immovable Property and Provisions for Protection of Tenants from Eviction from Premises in Disturbed Areas Act」，該法案禁止不同社群間的不動產交易，穆斯林只可與穆斯林進行不動產土地、房屋等交易，印度教徒亦同，此政策甚而影響了貧民窟分配上的宗教差異。原先只是希望透過禁止宗教混住來確保宗教社群間的和諧、減少衝突，故穆斯林也頗支持此一法規，因為當時住在不同宗教群體間只會備感壓力、不自在，但政策執行到最後，反而讓雙方的交流與互動更艱難、隔閡更深，生活品質也無法提升。[72]

---

[70] M. Mazharul Haque, "Vajpayee did not do anything to suppress the riots: Narayanan," *The Milli Gazette*(2012/5/28), http://www.milligazette.com/Archives/2005/16-31Mar05-Print-Edition/163103200534.htm; Sheela Bhatt, "BJP unrepentant about Gujarat; Vajpayee keeps a low profile," *Rediff*(2012/5/28), http://www.rediff.com/news/2002/aug/04sheela.htm.

[71] Election Commission of India, " State Election, 2002 to the Legislative Assembly of Gujarat," http://eci.nic.in/eci_main/StatisticalReports/SE_2002/StatReport_GUJ2002.pdf.

[72] Anupama Katakam, "From lab to field," *Frontline*(2012/5/18), Vol.29(2012), http://www.frontline.in/fl2903/stories/20120224290302500.htm.

其他宗教上的不合理或歧視政策如對穆斯林社群給予的福利相當少，報導指出，在過去三年政府甚至沒有給任何穆斯林或少數民族學生獎學金，許多穆斯林與基督徒無法就學，此外據估計在古吉拉特邦僅有 26%的穆斯林獲得大學入學許可，相較於印度教徒則高達 41%，財稅上差別待遇也相當嚴重。這些問題中央部門或教育組織都有表達關切，但往往只是短暫的討論，沒有長期的施壓於政府，也導致情況更加惡化；而其他政黨不是為了選舉、權力而來如INC，要不就是實力不夠強大，無法與 BJP 在實力相互抗衡。[73]

小結

1999 年 BJP 經歷了前兩次組閣的失敗，終於站穩了執政黨的位置，它的成功當然不僅限於在印度教民族主義的認同上，但印度教徒特性、印度教民族主義的色彩，還是 BJP 最重要的基本面。不過印度教民族主義給外界暴力、衝突和造成社會對立的印象，以及BJP 在早期的言論與政策都讓外界相當憂慮其執政後的作為。可幸的是，BJP 不論在 1996、1998 的選舉中刻意強調經濟政策、廉能政府等中性的議題，在 1999 年三度執政時也將過去的傳統議題與爭議擱置，如阿瑜陀事件、統一民法問題等，專攻於經濟與外交、國防議題上，讓過去的悲劇不至於延續。但令人詬病與批評的反而是他們在教育、內政問題上不斷出現挑動宗教社群對立的氛圍。

---

[73] Anupama Katakam, "Divisive consolidation," *Frontline*(2012/5/18), ibid, http://www.frontline.in/fl2903/stories/20120224290302600.htm.

　　對每一個執政黨都一樣，當成為一個國家的執政黨、政府時，所需顧及的面向與政治的現實，都迫使他們不適合發表過於激烈、激進的言論與政策，尤其在外交議題上，儘管有再多的敵意與不滿，還是要以和諧、友好作為公開的宣言，BJP 在此一方面也有所體悟，因此在其上任雖針對中、巴的領土威脅仍懷敵意，並以核武試爆作為宣示，但其終究希望促進雙邊的友好與協商。然而一離開公開場合，特別是地方政府上，BJP 政府便較不受拘束的執行其所期待的政策，此外有中央政府間接的支持，地方上的宗教性政策可以推行得更順利，相對的中央也可以透過地方的手，達成許多他們無法公開執行或表達的願望。

　　我們無從評斷 BJP 執政的好壞，只能從其所執行的政策去觀察其對印度社會的影響，同時看 BJP 政策態度的轉變來解讀「印度教民族主義」對印度社會與對政黨發展的助力與阻力。況且宗教衝突也不該將矛頭全指向 BJP 政府，畢竟從中有太多的因素影響著印度內政，許多文獻與學者均指出，印度的世俗主義之所以無法深根、宗教衝突無法改善的原因有二：首先是印度聯邦制所形成的制度上的根本問題，第二為法律執行層面與調查體系的效率不彰。針對前者，儘管憲法明定了對少數宗教文化的保障與宗教平等及自由權，中央政府在執行上也盡力達到並尊重，但聯邦制下地方政府或各邦的法律，中央不可以直接控管與介入，因此對於各邦限制宗教自由的法案，造成宗教上的歧視與衝突，中央作為有限，且無法即時阻止，法規範混亂不一；而後者在行政、司法效率的問題上，「效率」問題向來印度政府長期受外界詬病最嚴重得部分，執法與調查效率緩慢，讓部分基要主義份子解讀為此種行為並不受罰而變本加厲。[74]

---

[74] Zafar Ahmed, *op. cit.*, pp.145-146.

　　BJP 的政策與執政時所發生的事件，是否受到印度大眾的青睞與認可，對一個民主國家來說，定期的選舉就是最好的檢測。經歷五年執政後，2004 年自信滿滿的 BJP 卻沒有通過選民的考驗，甚至連敗了兩次，此結果是政策與政績問題，還是 BJP 的宗教包袱？究竟從 2004 年至今 BJP 還面臨了多少考驗與挑戰？面對 2014 年的選舉，BJP 手中又多了什麼籌碼、做好什麼準備？

第五章　BJP 發展侷限及挑戰

　　「印度教民族主義」、「印度教徒特性」的宗教民族主義認同凝聚龐大的聯合家庭組織，促成了宗教型政黨 JS/BJP 的成立，他們巧妙運用印度既有的「單一選區相對多數決」（SMSP）、「議會／聯合內閣」選舉與政府制度，做出正確的選戰布局，使其快速的在印度政黨政治中佔據一席之地。但自 2004 年第 14 屆的下議院選舉，BJP 在出乎外界意料下敗選，五年後第 15 屆大選又再度受挫，促其崛起的「認同」與「制度」因素，在當中卻扮演了另一種負面的反作用力，侷限 BJP 的發展與路線規劃。

　　政黨結盟、聯合內閣的政治現實，與當今印度選舉中，宗教意識型態號召力大幅下降，讓 BJP 必須一直淡化宗教意識型態，但當他們遠離「聯合家庭」或政黨核心精神認同時，如何面對基本盤選票的支持？政黨與聯合家庭間同時面對甚麼樣的危機？本章將分析 INC 與 BJP 兩黨在各邦執政分布狀況，探討 BJP 近年在發展上的困境與兩屆選舉失敗的原因，最後，面對 2014 年第 16 屆下議院（Lok Sabha）大選，BJP 有何布局與策略？

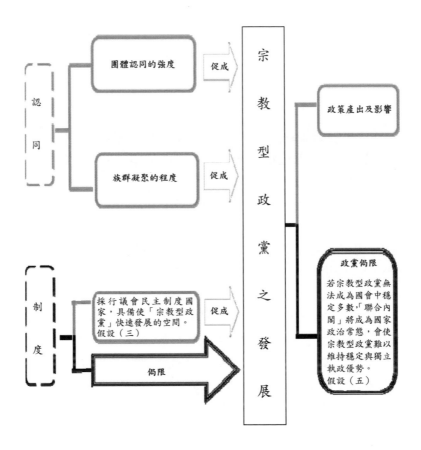

圖 5.1　研究架構(三)

第一節　近年印度政治概況與執政分布

壹、2004 年挫敗

2004 年第十四屆下議院大選 BJP 以「閃耀印度」——*India shining* 和「感覺很好」——*Feel good factor* 作為選戰口號，並且頂著高經濟成長、核武國家、印巴關係突破等傲人的政績迎戰連任的選舉，不過就算有廣告與媒體大力宣傳，多數民調也都看好 BJP 連任，但選舉結果出爐，BJP 卻由 1999 年的 182 席降至 138 席，而 INC 以「一般人民獲得甚麼？」——*What did the common man get?* 為口號，自 114 席增加至 145 席，再度成為下議院最大黨，由辛格（Manmohan Singh）領導政黨聯盟 UPA 組成聯合內閣重返執政，歸結 BJP 敗選原因可分為以下。[1]

一、BJP 政黨聯盟減少，INC 組成 UPA

2004 年 BJP 為了讓政黨真正的成為「泛印度政黨」（Pan Indian party），它減少了 NDA 成員數，由先前的 17 個變為 12 個，並且增加其政黨的候選人，由 1999 年 339 人增加至 364 人。同時，在北方邦、阿薩姆邦、賈坎德邦、哈里亞納邦 BJP 因無法獲得 SP、

---

[1]　Gareth Price, "How the 2004 Lok Sabha election was lost," *The Royal Institute of International Affairs: Asia Program*, (Londo:Chatham House, 2004), p.2.

AGP、INLD、JU（D）的支持獨自奮戰，此聯盟策略的決定使 BJP
失去北方邦、哈里亞納等大邦，同時在安德拉邦 BJP 不僅未獲任何
席次，其聯盟政黨 TDP 也從 1999 年的 29 席跌落至 5 席，安德拉
邦反倒由 INC 獨得總席數 42 席中的 29 席，成為第一大黨。

　　在 1999 年選舉當時，INC 還未意識到聯合內閣、政黨聯盟的
必要性，他們仍認為 INC 還是有獨立執政的機會，但經歷了 1996-99
年的挫敗，2004 年選舉 INC 了解政黨聯盟、聯合內閣的政治生態
現實後，開始積極籌組政黨聯盟，聯合其他政黨組成了 UPA 與 NDA
對抗，此後印度政治可說是正式走向兩極化的態勢。2004 年選舉
中 UPA 組成了 17 個政黨的聯盟，而 INC 的候選人也由 1999 年 453
位下降到 414 位，選舉結果上，BJP 在此次選舉中減少 54 席，而
INC 卻反增加 38 席。

表 5.1　2004 年下議院選舉 NDA 與 UPA 及政黨席次分配結果[2]

	NDA		UPA	
	政黨	得票	政黨	得票
1	BJP	138	INC	145
2	SS	12	RJD	21
3	BJD	11	DMK	16
4	JD(U)	8	NCP	9

---

[2]　本表以 The Hindu 的報導作為範本，參考其聯盟成員，並以 Election
Commission of India 的官方選舉結果報告計算。以 2004 年選舉為例，有些
報導將親 INC 的政黨如 SP、Kerala Congress, Muslim League 等算入陣營共
計 275 席，見"2004 Election Results and Party wise positions," *India Politics
News*(2012/6/10), http://elections-india.blogspot.tw/2009/03/2004-election-results-
and-party-wise.html；或記為 217 席，見 Gareth Price, "How the 2004 Lok
Sabha election was lost," *The Royal Institute of International Affairs: Asia
Program* (Londo:Chatham House, 2004), p.3。用不同的計算、歸類方式會產生
不同的結盟政黨認定，與不同的席次結果，但不影響整體執政團隊的歸屬。

5	SAD	8	PMK	6
6	TDP	5	JMM	5
7	AITMC	2	TRS	5
8	MNF	1	LJNSP	4
9	SDF	1	MDMK	4
10	IFDP	1	MUL	1
11	NPF	1	RPI(A)	1
12	IND(BJP)	1	IND(INC)	1
13	AIADMK	0	JKPDP	1
	總計	189	總計	219

資料來源：Election Commission of India；Alistair McMillan, "Alliances did the trick for the Congress," *The Hindu*, May 20, 2004 (2012/5/30), http://www.hindu.com/elections2004/verdict2004/stories/2004052000 340700.htm。筆者整理繪製。

　　2004 年在泰米爾納度邦，DMK 與其他小黨轉向成為 INC 盟友，是 INC 打贏選戰的關鍵。BJP 與 INC 互換聯盟，INC 奪下 1999 年 BJP 合作的三個主要政黨 DMK、PMK、MDMK，轉變的主因就 DMK 來說，他們反對 BJP 的反恐法案「Prevention of Terrorism Act」（POTA）認為這是一個不理想的狀況（*not an ideal situation*）與法案，[3] DMK 表示近年他們已逐漸失去南方許多少數社群如穆斯林、基督徒的支持，儘管穆斯林其他少數社群對 AIADMK 支持阿瑜陀事件和統一民法議題感到不滿，但若 DMK 自己不與 BJP 切割，還會失去更多；而 PMK 則對 BJP 未執行許多政策如解決高韋里河（Cauvery River）管轄爭議、賦予泰米爾官方語言地位、提供私部門保障名額以及執行曼道爾計畫的態度，都是使 BJP 失去這些重要盟友的原因。然而，BJP 起初不相信 DMK 會與 INC 合作，所以盡

---

[3]　Gareth Price, *op. cit.*, p.4.

棄 1998 年的倒閣恩怨，再度與 AIADMK 合作，豈料 DMK 與其他
小黨包含 PMK、Indian Union Muslim League（IUML）、MDMK 和
INC 組成「民主進步聯盟」（Democratic Progressive Alliance，以下
簡稱 DPA）參與選戰。[4]

另外，關於 DMK 與 INC 和 BJP 兩黨分合原因，ORF 賴潔希
研究員更表示，最主要的原因仍是內閣官員的權力分配與席位分配
協議。她解釋，DMK 一向希望能獲得中央「電信通訊傳播和資訊科
技部長」（Minister of Communications and Information Technology）
的職位，所以當 INC 或 BJP 一方可與之達成協議，則雙方的合作
與聯盟就會發生，以當前 UPA 政府來說，前任電信通訊傳播和資
訊科技部長 Andimuthu Raja 就是 DMK 的下議院代表之一。[5]

2004 年的選舉結果 INC-DMK-PMK-MDMK 四黨共得總席次
39 席中的 35 席，四黨提名的人全數當選，而 BJP 與 AIADMK 兩
黨均未獲任何席次，其餘四席由兩共產黨 CPI 與 CPIM 各獲得兩
席。INC 在安德拉邦與新興政黨 Telangana Rashtra Samithi（TRS）
合作、在賈坎德與「賈坎德解放陣線」（Jharkhand Mukhti Morcha，
JMM）合作共得 10 席；比哈爾邦與「Rashtriya Janata Dal（RJD）
-Lok Janshakti Party （LJP）」聯盟合作也有不錯的表現，UPA 聯盟
在比哈爾與泰米爾納度兩邦中表現最好，分別獲得 29 席與 35 席。[6]
（參照表 5.2）

總計 BJP 相較於 1999 年的選舉，在賈坎德失去 36 萬多票，只
獲得一個席位、哈里亞納減少 64 萬票，同樣只獲得一席，而北方

---

[4] T.S. Subramanian, " A parting of ways," *Frontline*, Vol.21(2004)(2012/6/10), http://www.frontlineonnet.com/fl2101/stories/20040116002403400.htm.

[5] 但該部長已因 2G 醜聞下台，風波持續至今，將於後面介紹。而現任部長為 Kapil Sibal。訪談於 2012 年 6 月 10 日，台中。

[6] Bertrand Lefebvre and Cyril Robin, *op. cit.*, pp.19-20; Gareth Price, ibid.

邦更痛失多達 2 百萬票以上，減少 19 個席次，僅獲得 10 席，德里同樣從全勝 7 席掉至 1 席；BJP 僅在旁遮普與馬哈拉施特拉邦與故有聯盟政黨維持穩定的合作與成果，在克納塔克邦有突出的表現，同時 INC/UPA 與左派陣線（Left Front）合作，在議會占有 280 席的絕對多數。但是此次與左派的合作在 2008 年與美國的核武問題上不歡而散，合作破局。（參照表 5.2 與圖 5.1）

表 5.2　NDA 與 UPA 在 1999 年與 2004 年中央選舉四個結盟轉變的邦與結果對照

邦 （總席次）	NDA				UPA		
	1999		2004		1999	2004	
	BJP	聯盟	BJP	聯盟	INC	INC	聯盟
安德拉（42）	7	TDP -29	X	TDP -5	5	29	X
比哈爾 （54-1999- 40-2004）	23	JD(U) -18	5	JD(U) -6	4	3	RJD-22 LJNS-4
哈里亞納（10）	5	INLD -5	1	X	0	9	X
泰米爾納度 （39）	4	DMK 等四黨 -23	X	AIA DMK -X	2	10	DMK 等三黨 -25

資料來源：Election Commission of India；Bertrand Lefebvre and Cyril Robin, "Pre-electoral Coalition Party Systemand Electoral Geography: A Decade of General Elections in India (1999-2009)," *South Asia Multidisciplinary Academic Journal(SAMAJ)*, Issus No.3(2009) (2012/5/30), http://samaj.revues.org/index2795.html。筆者繪製整理。

二、BJP 執政邦表現失常

　　2004 年選舉中，BJP 在其執政的邦中表現並不好，包括安德拉邦、比哈爾邦、古吉拉特邦、哈里亞納、果阿、奧里薩邦、泰米爾納度邦，以上幾個邦原先的地方政府都是 BJP 或 BJP 聯盟組成，但 BJP 在選舉中的支持度不增反減，尤其在比哈爾邦 BJP 失去 17 席，此跌幅雖與 2000 年賈坎德邦成立、人口及席位重劃有部分關係，但單就 2004 年 BJP 在比哈爾邦依舊減少 18 席次，在賈坎德僅獲得 1 席，所幸此跌幅在 2009 年大選中，有略趨回穩的趨勢。除比哈爾邦外，以安德拉邦失去 7 席、古吉拉特減少 6 席為最多，其執政下有正向成長的邦為克納塔克增加 11 席、拉賈斯坦成長 5 席為最主要。[7]（參照表 5.3）

---

[7]　Gareth Price, *op. cit.*, p.5.

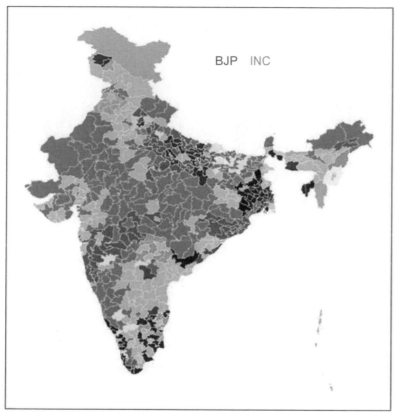

Parliamentary Elections 2004
All India Snapshot

BJP INC

Copyright(c) Election Commission of India

圖 5.2 2004 年下議院（LOK SABHA）選舉政黨成果分布

資料來源：Election commission of India (2012/6/3), http://whatho.satpathy.org/
2009/03/30/india/results-of-lok-sabha-elections-2004/.本圖呈現 2004
年全國選舉不同政黨勝選的區域分布，BJP 保有古吉拉特邦、中央
邦、克納塔克邦、馬哈拉施特拉邦，INC 奪下泰米爾納度、安德
拉以及北方諸邦。

表 5.3　INC、BJP1999 年~2009 年中央選舉安德拉邦、比哈爾邦等主
　　　　要 8 邦席次比較

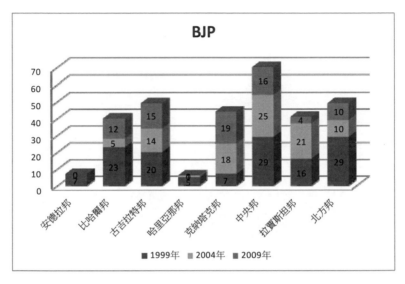

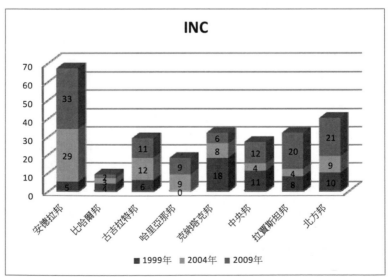

　　反觀 INC，2004 年選舉中，其執政邦表現同樣並不理想，當中僅有德里各增加 6 席、喜馬偕爾邦增加 3 席為正成長，其他邦如喀拉拉邦、克納塔克邦，均失去原有的支持度。因此，INC 此次勝選的關鍵，即呈現在 BJP 執政的邦，如前述安德拉邦暴增 24 席，泰米爾納度邦成長 8 席，以及古吉拉特邦增加 6 席。[8]（參照表 5.4、5.5）

貳、2009 年再挫敗

一、UPA 繼續推動政黨聯盟，NDA 遇困難

　　2009 年第 15 屆下議院選舉，INC 主導的 UPA 聯盟再度位居第一大執政聯盟，占 262 席，INC 席次增加 61 席，自 2004 年 145 席增加到 206 席。[9]而 BJP 只有 116 席，再度面臨嚴峻的政黨聯盟考驗，許多成員於 2009 年選舉離開 NDA，使聯盟僅剩 8 個政黨，INC 則組成 12 黨的 UPA 政治聯盟，[10]並積極與過去 NDA 聯盟的

---

[8]　Gareth Price, *op. cit.*, p.5.

[9]　"Political Party Positions in the 15th Loksabha," (2012/6/3), http://elections
-india.blogspot.tw/2009/05/political-party-positions-in-15th.html.但在 Bertrand
Lefebvre 和 Cyril Robin 文章中呈現 202 席，其他 UPA 聯盟 54 席參考：
Bertrand Lefebvre and Cyril Robin, *op. cit.*, p.20.

[10]　有的文章歸類為 7 黨，如 Muhammad Shahbaz Saeed, "Performance of Major
Political Parties in Lok Sabha Elections," *Reflectio*(2009), No.3, p.1.因為在聯
盟認定的方式不同，也沒有一定的書面協議，因此在政黨聯盟的認定上數
量經常有所不同，但通常是對外圍政黨的認定，或將行動上支持但未公開
表態的政黨也納入計算，尤其是第三勢力或左派政黨。故在政黨數量與席
次上會有些許差異，但主要基本政黨的歸類不會不同，也不影響整體執政
結果。

政黨接洽合作，包含西孟加拉的「草根國大黨」（All India Trinamool Congress，以下簡稱 AITMC）以及「查謨－喀什米爾全國會議黨」（Jammu & Kashmir National Conference，以下簡稱 NC）。[11]

　　BJP 只保有喜馬偕爾邦、古吉拉特邦、中央邦、克納塔克邦、恰蒂斯加爾邦過半席次優勢，比哈爾邦與 JD（U）的合作則獲得具壓倒性勝利。此次 INC 除了保有 2004 年的泰米爾納度、安德拉邦與北部、東北部小邦外，更重要的是 UPA 從 NDA 手中奪下了拉賈斯坦、馬哈拉施特拉邦、旁遮普、北安查爾邦和阿魯納恰爾，INC 在拉賈斯坦打敗了 BJP 勢力，仍拿下 20 席，而 BJP 自 2004 年 21 席降至 4 席，在馬哈拉施特拉邦與 Nationalist Congress Party（NCP）聯手奪下 25 席（總席次為 48 席），BJP-SS 只分別獲得 9 席與 8 席而敗北；西孟加拉與 AITMC 合作更是重要，AITMC 在 2004 年與 BJP/NDA 結盟時在西孟加拉僅獲得 2 席，而 2009 年與 INC/UPA 的合作獲得空前的勝利，AITMC 與 INC 分別有 19 與 6 席，使西孟加拉成為 UPA 主掌的邦，過去長期主掌該地區的共產黨勢力衰退；在查謨－喀什米爾與 NC 合作，NC 獲 3 席，使該邦同樣為 UPA 的勢力範圍。[12]另一個值得注意的是喀拉拉邦，國大黨同樣擊敗共產黨獨獲 20 席中的 13 席。[13]

---

[11] Bertrand Lefebvre and Cyril Robin, *op. cit.*, pp.19-20.

[12] India Election Affairs, "Result General Election 2009,"(2012/5/31) http://electionaffairs.com/results/ge2009/state-wise-perform/westbengal-results-parties.html.但也因為 AITMC 成為 UPA 中相當重要的成員之一，若他們不完全支持國大黨的政策，將會使 UPA 在推動政策上產生相當大的難度，尤其在經濟改革政策的部分，就有類似的情況發生。

[13] Maps of India, "Compare Verdict with Map,"(2012/5/29), http://www.mapsofindia.com/election/india-election-2009/compare-verdict.html.

二、INC 政績優異，獲得第三陣線支持

　　在 2009 年選舉中，INC 因前一任期的政績突出，尤其在提供農業政策、貧窮鄉村的福利政策、醫療政策上，都記取 NDA1999 年的發展失衡教訓，獲得農民及中低階級的支持，經濟、軍事能力再提升，並於 2005 年訂立「資訊公開法」（Right to Information Act）提高政府資訊透明度，展現廉能、反貪腐的決心，同時也吸收青年選民支持，在北方邦有 Indian Youth Congress、National Students Union of India（NSUI）兩個青年學生組織為後盾，配合媒體、廣告大肆力挺，均為成就 INC/UPA 勝選連任的關鍵。同時，INC 有拉霍爾·甘地（Rahul Gandhi）的領導與助選，在北方邦與德里獲得多數選民的愛戴，加上內閣得到第三陣線的支持，包含 SP 23 席、BSP 21 席、RJD 4 席、JD（S）3 席，使其內閣運作得以穩定。反觀 BJP 除了本身宗教意識型態因素外，也因為只專注對尼赫魯家族的批評效果不大，自身政策與立場不明確，欠缺改革決心，又缺乏與年輕人的連結，中低種姓支持度不高都成為 BJP 再度敗選的因素。[14]

　　簡而言之，INC 組成 UPA 這個政治聯盟，確實影響 NDA 的成員吸收。而地方政黨的重要性持續增加無庸置疑，當聯合內閣的制度與策略確立，各個小黨開始在雙邊游移與試探，與何者聯盟取決的是政治利益的協商和交換，意識型態與政治理念往往只是一種藉口與推辭的次要考量，同時選舉時的合作也未必代表執政與內閣政策上的完全支持，BJP 在 1998 年就是遇到這樣的狀況，此種選舉、

---

[14] Muhammad Shahbaz Saeed, "Performance of Major Political Parties in Lok Sabha Elections," *Reflections*, No.3(2009), pp1-6; Mahwish Hafeez, "15th Lok Sabha Elections in India," *Reflections*, No.3(2009), pp.1-11.

政治生態下，選舉的結果更加難以預測和推斷，政府的穩定性更難維持，更是 BJP 發展遇瓶頸的主要原因之一。

表 5.4　BJP 近年下議院選舉獲得席次對照（1999 年~2009 年）[15]

年 邦	1999 （13th）	2004 （14th）	2009 （15th）
安德拉(42)	7	X	X
阿薩姆(14)	2	2	4
比哈爾(54-1999 年前；40)	23	5	12
恰蒂斯加爾(11)		10	10
果阿(2)	2	1	1
古吉拉特(26)	20	14	15
哈里亞納(10)	5	1	X
喜馬偕爾(4)	3	1	3
查謨－喀什米爾(6)	2	X	X
賈坎德(14)		1	8
克納塔克(28)	7	18	19
喀拉拉(20)	X	X	X
中央邦(40-1999 年前；29)	29	25	16
馬哈拉施特拉(48)	13	13	9
德里(7)	7	1	X
奧里薩(21)	9	7	X
旁遮普(13)	1	3	1
拉賈斯坦(25)	16	21	4
泰米爾納度(39)	4	X	X
特里普拉(2)	X	X	X
北方邦(85-1999 年前；80)	29	10	10
北安查爾／北阿坎德邦[16](5)		3	X

---

[15] 表格中 1999 年三個邦以斜線標記，表示當時該邦尚未成劃分成立。

西孟加拉(42)	2	X	1
其他[17]	1	2	3
總計	182	138	116

資料來源：Election Commission of India, "15th Lok Sabha Members," (2012/5/30),

http://www.indiavision.com/politics_loksabha_members.html。筆者繪製整理。

表 5.5　INC 近年下議院選舉獲得席次對照（1999 年~2009 年）

邦 ＼ 年	1999（13th）	2004（14th）	2009（15th）
安德拉(42)	5	29	33
安達曼-尼科巴群島(1)	X	1	X
阿魯納恰爾(2)	2	X	2
阿薩姆(14)	10	9	7
比哈爾(54-1999 年前；40)	4	3	2
昌迪加爾(1)	1	1	1
恰蒂斯加爾(11)		1	1
達曼-第烏(1)	1	1	X
曼尼普爾(2)	X	1	2
梅加拉雅(2)	1	1	1
米佐拉姆(1)	X	X	1
果阿(2)	X	1	1
古吉拉特(26)	6	12	11
哈里亞納(10)	X	9	9

---

[16] 「北安查爾邦」（Uttaranchal）是 2000 年由北方邦劃分出來的印度第 27 個邦，北邊與西藏相接，東為尼泊爾，西邊與喜馬偕爾邦相鄰，在 2007 年更名為「北阿坎德邦」（Uttarakhand）。

[17] 1991 年為安達曼－尼科巴群島(1)；2004 年為阿魯納恰爾(2)；2009 年由安達曼－尼科巴群島(1)、達德拉－納加爾哈維利(1)、達曼－第烏(1)各得一席。

喜馬偕爾(4)	X	3	3
查謨－喀什米爾(6)	X	2	2
賈坎德(14)		6	1
克納塔克(28)	18	8	6
喀拉拉(20)	8	X	13
中央邦(40-1999 年前；29)	11	4	12
馬哈拉施特拉(48)	10	13	17
德里(7)	X	6	7
奧里薩(21)	2	2	6
旁遮普(13)	8	2	8
拉賈斯坦(25)	9	4	20
泰米爾納度(39)	2	10	8
北方邦(85-1999 年前；80)	10	9	21
北安查爾／北阿坎德邦(5)		1	5
西孟加拉(42)	3	6	6
其他（拉克沙群島、納加蘭、旁迪切里	3	X	X
總計	114	145	206

資料來源：Election Commission of India。筆者整理繪製。

第二節　BJP 發展侷限及其原因

　　瞭解 2004 年與 2009 年 BJP／NDA 兩次的失敗，可發現他們面對的是多重的困境，包括政策面的不周全、選戰策略錯誤，或意識型態對組織的限制，以及政黨內部的領導問題、派系問題等。而有趣的是，剖析各方因素後，探究其背後的因子，似乎又可將發展

的侷限問題歸結於：選舉「制度」的直接影響和意識型態「認同」
的間接影響兩大方向。

壹、執政政績差強人意

一、經濟發展不均、民生經濟缺乏、投資環境不佳

　　BJP 上任後，接續資本主義的經濟政策，鼓勵外資、開放投資
與技術進入，但其成果卻只提升了印度 20%的人口，如中產階級、
菁英階級、外資的利益，背離了當初保護國內企業、在地經濟的誓
言，低階的勞工、農民未能受惠，失業問題嚴重，至使 BJP 遭選民
背棄，阿德瓦尼也自認在經濟發展上，五年的時間不足以讓社會各
階層達到平衡、公平的發展。[18]反觀 INC，則運用誘人的福利政策
吸引底層民眾[19]

　　報導指出，瓦傑帕伊執政以來對民生經濟如水電、失業、教育、
醫療、交通等領域不夠重視，削減諸多預算，物價的上漲、糧食短
缺，據估計平均每年減少 100 公斤的產量，儘管軟體產業、IT 產
業和外包服務確實給予印度新的就業空間與機會，但是諸多的批評
來自工資低、分配不均、競爭激烈，而推動國營企業私有化後帶來
的裁員問題、人員精簡問題，反倒惡化了就業機會與市場，城鄉差
距、貧富不均的狀況也因而更為嚴峻，種種因素致使印度經濟儘管

---

[18] 陳才明，〈從印度人民黨下台看執政的基礎建設〉，《環球視野》（2005 年 5
月），頁 42-43。
[19] "BJP admits 'India Shining' error," *BBC*(2012/5/17), http://news.bbc.co.uk/
2/hi/south_asia/3756387.stm.

提升，但在當時聯合國人權發展報告（UN Human Development Index）中卻從第 124 名降至第 127 名。[20]

　　BJP 領導下雖創下了空前的經濟發展，開放外資、高科技產業，但事實上當時的經濟發展呈現泡沫化的隱憂，在許多投資方面又停滯不前。就外資來說，印度對他們而言是新興的市場，但不健全、品質低落的基礎設施、不完備的合作法規、不合理的勞資規範、關稅，和政府的貪污嚴重，都使外資企業怯步。[21]

　　BJP／NDA 在政策上的不足，是選戰失利相當大的關鍵，BJP 經濟政策的缺失，或是 INC 經濟上表現亮眼，更可從選民結構的分析上看出。「發展中社會研究中心」（Centre for Study of Developing Societies ,CSDS）的研究比照 2004 年與 2009 年兩屆選舉中 BJP 與 INC 得票的人口組成，以「經濟階級」作為區別可發現，上層階級（Upper Class）向來都是比較支持 BJP，2004 年 30.3% 的上層階級選擇 BJP，12.4% 支持 BJP 聯盟，而 INC 則少 5 個百分點，佔 25.4%，也僅有 5.8% 的上層階級支持 INC 聯盟，雖說如此，以 2004 來說，這已是 BJP 唯一贏過 INC 的階層，但直到 2009 年的選舉，BJP 甚至連上層階級的選票都流失，30.3% 反倒支持 INC 聯盟，BJP 則失去近 6% 的支持，只得到 24.5% 的選票，反轉的情形也反映在對各自聯盟的支持度；而原本就落後 INC 的底層階級選票，2009 年還降得更多，尤其對 BJP 聯盟政黨的表現尤為明顯。（參照表 5.6）

---

[20] Parwini Zora; Daniel Woreck, "The BJP's "India Shining" campaign: myth and reality," *World Society Web Side*, *WSWS*(2012/5/17), http://www.wsws.org/articles/2004/may2004/ind-m07.shtml.

[21] Ibid.

表 5.6　2004 年和 2009 年印度下議院選舉經濟階級與選票分布

	INC		INC 聯盟		BJP		BJP 聯盟		Left		BSP	
	2004	2009	2004	2009	2004	2009	2004	2009	2004	2009	2004	2009
Upper Class	25.4	30.3	5.8	7.3	30.3	24.5	12.4	6.5	7.8	3.8	3.1	4.6
Middle Class	29.9	29.3	8.7	7.6	28.9	18.5	12.6	5.3	7.0	6.1	1.8	4.5
Lower Middle Class	26.0	28.8	10.7	5.4	22.1	19.7	13.6	4.5	7.4	6.4	4.1	7.0
Poor	24.8	27.3	10.6	8.3	20.3	16.8	13.8	4.4	7.5	10.6	7.0	8.7
Very Poor	27.0	27.1	11.4	10.0	18.0	16.2	14.5	6.1	9.4	11.3	7.4	7.9
Total	26.4	28.6	10.1	7.8	22.2	18.8	13.7	5.3	8.0	7.6	5.3	6.2

資料來源：Christophe Jaffrelot; Gilles Verniers, "India's 2009 Elections: The Resilience of Regionalism and Ethnicity,"*SAMA*(2012/5/17), pp.17, http://samaj.revues.org/index2787.筆者整理繪製。

二、領導人真空期

（一）資深領導人魅力消退

　　BJP 所面對的領導人危機在 2009 年的大選中浮現，有別於 2004 年有五年的政績作為評斷政黨表現的標的，2009 年的選舉 BJP 須透過政黨的包裝再度凝聚群眾，並且要提出具區別性的政策白皮書、政黨目標，強調與執政黨的差異性，才能再度吸引選民的支持，而「領導人」則是一切的根本。

　　1996-1999 年 BJP／NDA 能受各政黨與人民的愛戴，瓦傑帕伊溫和的政治形象相當關鍵，他展露的溫和與柔軟身段，有助 BJP 在聯合內閣上的運作。但至 2004 年以後，瓦傑帕伊年事已高、身體微恙，逐漸淡出政壇，政大國關中心研究員那瑞維指出，瓦傑帕伊已近 90 歲（於 1924 年出生，實際年齡 88 歲），且身體狀況非常差行動不便，根本無法再參與競選，更別說是擔任領導人的角色。而 BJP 領導人的角色主要以阿德瓦尼呼聲最高，其個人的政治野心，也促使他積極投入於競選工作，期待有機會成為總理。但經許多分析與報導認為，2009 年阿德瓦尼相當有自信帶領 NDA 面對大選，不過事實上 BJP 內部並不看好，且媒體均認為阿德瓦尼過於關注在對尼赫魯家族的攻擊，忽視了政策的具體性與基本面，同樣的 1927 年出生的阿德瓦尼也面對 85 歲高齡的挑戰。

（二）INC 領導人鋒芒畢露

　　2004 年到 2009 年，除了阿德瓦尼本身領導力的問題，其所競爭的 INC 對手，各個處於政治聲望的頂峰，其中 INC 黨主席索尼亞·甘地（Sonia Gandhi）與總理辛格，便是兩大關鍵人物。索尼亞·甘地是前總理拉吉夫·甘地（Rajiv Gandhi）的遺孀，在其丈夫被暗殺身亡後，1997 年她才決心參與政治，1998 年擔任 INC 的黨主席，也將拉奧時期分裂的 INC 再度團結。索尼亞·甘地之所以會受人稱讚，享有高度的領袖聲望，主要與 2004 年拒絕擔任 UPA 聯合內閣總理一職的決定有關，因為她推辭了總理職務，促使 UPA 聯盟中的各政黨能更穩定的合作；而其高度靈活、聰睿的協商、談判手腕，與所建立的形象，也才使黨內的反對聲浪減低，黨外合作更順利。

對總理辛格來說,他更是自尼赫魯 1962 年以來,印度政壇首位能執政五年後續任的總理,他在 UPA 執政五年的政績相當受到肯定,包括在經濟改革的成就上,力求平衡城鄉的差距,獲得鄉村與貧窮地區的支持,也擺脫過去 INC 只屬於「城市」政黨的印象。辛格在勞工政策上推動 National Rural Employment Guarantee Act(NREGA),為「其他落後種姓」(OBCs)提供 27%就學保障名額,獲得賤民等低種姓階級的支持。並在 2006 年印度與美國簽署《美印民用核能合作協議》(The U.S.-India Civil Nuclear Cooperation Agreement),[22]解決印度在 1998 年試爆核武後帶來的國際紛爭,也穩固與美方的關係。這些政策都使他在政績的評比上獲得相當高的評價,此外辛格在任的幾年展現樸實、清廉的形象,加上同樣具有優異協商與交際能力,都對 2009 年的連任有相當大的幫助與作用。[23]

貳、意識型態強烈,政黨結盟遇瓶頸

1996 年 BJP 因為過於強調印度教民族主義之精神,堅守印度教色彩過濃,使其他政黨不願與其合作共組政府,使 BJP 當年的執政僅維持十三天。雖 BJP 因印度教民族主義復興與支持而成功,但印度整體而言,仍是一個主張世俗社會、政教分離的國家,宗教型政黨或主張印度教特性的政黨仍為少數(最主要仍是 BJP、SS),對偏向世俗主義的政黨或其他宗教、種姓政黨和社群較不會支持與

---

[22] 合作的簽署,在確保民用與軍事項目分開的前提下,解決過去對印度核原料的禁運,美國還向印度提供民用核能技術、燃料與反應爐。該項協議於 2008 年 9 月在美國參、眾兩院批准通過。

[23] Christophe Jaffrelot; Gilles Verniers, "India's 2009 Elections: The Resilience of Regionalism and Ethnicity,"*SAMA*(2012/5/17), pp.9-10, http://samaj.revues. org/index2787.

BJP 合作，是其一大障礙。當然，1996 年組閣失敗除了政黨本身意識型態因素影響外，INC 全力支持左派全國陣線的策略，也成功阻擋了 BJP 在議會中的結盟計畫。

1998 年重整旗鼓再次挑戰，BJP 不得不改變其選戰策略，透過黨主席阿德瓦尼鞏固印度教基本教義派票源，由總理候選人瓦傑帕伊爭取中間選民及其他族群支持，為了與其他政黨合作，必須淡化其宗教民族主義形象，擱置意識型態差異，透過經濟、外交、國防等議題做為政黨合作的基礎，並且顧及國際觀感，避免發表過於激進的宗教言論。如執政後，瓦傑帕伊對阿瑜陀事件的主張是希望透過司法和各方談判協商解決，認為僅此才有建造神廟的可能，另外先前主打的取消憲法 370 條關於喀什米爾管轄的法案、實行統一民法（UCC）等爭議也被擱置，因為他們知道這些行為、言論與政策主張都會侷限和影響 BJP 的政策，並牽動聯合內閣的穩定性。[24]

與 SS、RSS 的關係對 BJP 的執政成敗占相當關鍵的因素，因為並非所有的聯盟成員都可接受 BJP 在印度教上的意識型態，以 SP 等政黨來說，他們認為與 BJP 的合作是一個相當開放性的問題，與 BJP 合作與否端看在特定問題上是否有共識，SAD 則是對 BJP 關於憲法 370 條的態度尚不認同，AIADMK 則是反對阿瑜陀事件以及主張泰米爾語的官方語言地位問題；西孟加拉的 AITMC 希望 BJP 與 RSS 保持距離，走向瓦傑帕伊時期的中間路線，而與其他政黨則是出現許多席位分配上的摩擦。[25]

但 BJP 自 2004 年開始便面臨了籌組聯盟的困難，聯盟成員數下降、態度變動大，在主要大邦中無法取得合作對象，最重要的區域就是北方邦；北方邦為印度最大邦，總計 80 個席次，BJP 原本

[24] 方天賜，前引文，頁 56、57。
[25] Partha S. Ghosh, *op. cit.*, ibid, pp.396-397.

在該邦強大的印度教徒優勢,也因前面所提到的阿瑜陀事件而蕩然無存,而該邦的 SP 與 BSP 兩大政黨近年也傾向支持 INC 為主,因此意識型態與過去的形象影響 BJP 在北方邦的發展,同時也成為 NDA 欲再度執政的絆腳石。

其次,撇除意識型態的認同差異,各政黨在尋求結盟的目的上,考量的另一重點就是席次分配上的利益,當 BJP 想擴張自身勢力,就會使他與其他政黨間的利益產生衝突,增加合作上的障礙與困難,況且全國性政黨要尋找政治聯盟的困難度比起地方政黨還大,必須融合各政黨的利益,並且在現今區域政黨(regional parties)、區域政治主導下,民眾對地方性議題的關注優先於國家議題,所以全國性政黨便要盡更多的努力與地方政黨協商與溝通,方能達成合作共識,BJP 在籌組聯盟時就會耗費更多的心力,阻礙更多。[26]

參、聯合家庭反彈,團結不易

一、與聯合家庭的矛盾與曖昧

「印度教民族主義」是聯繫「聯合家庭」最重要的核心精神,它凝聚了所有相關組織的團結與合作,BJP 從「人民同盟」時期到獨立發展的階段,所發動的每一個行動 RSS、VHP、SS、BD 和海外的印度教徒等都是 BJP 最重要的支持群眾和社會力量。然而,當

---

[26] Bertrand Lefebvre; Cyril Robin, "Pre-electoral Coalitions, Party System and Electoral Geography: A Decade of General Elections in India (1999-2009)," *SAMAJ*, Vol.3(2009), http://samaj.revues.org/index2795.html.

BJP 為上述籌組內閣，淡化印度教民族主義色彩、對伊斯蘭問題緩和並軟化、對印度教立國的目標未曾提起等作為，都使聯合家庭的其他成員不滿，也威脅了 BJP 未來選舉的支持度。[27]

　　2005 年 5 月底，不論為了追求個人政治野心、期待能有機會擔任總理，或是純粹的態度轉變，阿德瓦尼受邀參與巴基斯坦政府修復印度廟的奠基活動，他是印度第一位受邀參加此類活動的政治人物，阿德瓦尼在該活動中公開，讚揚巴基斯坦國父真納對國家的貢獻與對世俗國家的努力，並反省 1992 年搗毀巴布里清真寺的悲劇。該次的訪問在印度、聯合家庭和 BJP 內部造成相當大的風波，有人認為他是礙於場合不得不說的場面話，但 VHP 當時的領導人 Praveen Togadia、Ashok Singhal 以「叛徒」來批評阿德瓦尼的言行；BJP 內部包括瓦傑帕伊等人則認同其言論，並希望阿德瓦尼續任黨主席一職，而 RSS 內部則有不同聲音。整體事件背後看到了 BJP、RSS 和 VHP 間的意見分歧與權力角逐，並看出 BJP 在面對執政與選票間的兩難，淡化意識型態謀求政黨合作的同時，又需不斷安撫其支持者以證明 BJP 並沒有背離印度教民族主義的精神，常造成左右兩難的狀況。[28]

　　2008 年阿德瓦尼出版的 *My country My life* 一自傳書中提到，BJP 應調整過去與 RSS 的關係，必須考量 BJP 內許多非 RSS 的成員，他們在當時代表 BJP 力克 INC，應給予他們更多的尊重與應有的空間。此外，瓦傑帕伊、阿德瓦尼都曾談論 BJP 的獨立性問題，他們覺得該適時的與 RSS 保持距離（distance），但不需要脫離

---

[27] R.Upadhyay," RSS-BJP Relationship- What is new and Why this war cry?" (2011/10/6), http://www.southasiaanalysis.org/%5Cpapers2%5Cpaper153.htm.

[28] 尚勸余，〈印度人民黨政治風波的原因與後果〉，《南亞研究季刊》，第 2 期 (2005 年)，頁 60-64；Priya Sahgal, "Parivar at Odds," *India Today*(2010/10/7), http://www.iias.org/adm_directors_profile.html.

（disowning）。事實上，當前 BJP 與聯合家庭的關係主要是靠 RSS 來維繫，但 BJP 僅在選舉時透過 RSS 爭取其他附屬組織的支持，因為 RSS 是一個真正推動社會運動的單位，在其下的勞工、農民等團體與 BJP 的關係並不密切，所以 BJP 只有在選舉時與他們結合，而 RSS 其實也了解，BJP 要在中央執政，聯合內閣的形式是不可避免的，所以他們的態度有時也較為軟化，況且評估當前雙方的關係與社會發展，RSS 也明瞭，不可能再像過去與在地方上一樣控制 BJP 的政策與做法。

二、BJP 被稱為「沒有原則的機會主義」

不過，部分聯合家庭的組織並不欣賞 BJP 的作風與態度，尤其 VB、VHP，他們不像 RSS 可以適時的理解 BJP 在政黨競爭中的困難，也反對 RSS 與 BJP 過於緊密，因為他們認為只要組織成員加入了 BJP 反而會忘記原先的宗教精神與原則立場，他們不僅對 BJP 執政感到失望，也對他們成為政客、機會主義者（opportunist）感到不以為然。[29]

究竟 BJP 是否還堅信著印度教國家的夢想、信仰印度教徒特性，那瑞維研究員認為 BJP 就是一個追求政治權力（power）的政黨，只有 RSS 和聯合家庭還相信印度教國家的可行性、必要性，因為 RSS 認為，世界上有基督教、穆斯林、佛教國家，為何不能有印度教國家？但研究員也不諱言的表示，重點在於甚麼是「印度教」（Hinduism），印度教中沒有一個教派、教義可以完全代表印度

---

[29] Padmaja Nair, *op. cit.*, ibid, pp.45,49,60-64.

教的立場、道德與看法，模糊與似是而非的論述將是 RSS、聯合家庭主張最大的問題所在。[30]

肆、低種姓的崛起與全球化的不可逆

此外，當前 BJP 面對最嚴重的問題即是近年「低種姓」和「不可觸民」、「達利特」（Dalit）勢力的崛起，帶有高種姓色彩和後來被稱為「富人黨」的 BJP 印度教民族主義訴求反而成為發展阻礙。況且當 BJP 支持主張資本主義式經濟時，勢必要面對「經濟西化」伴隨的「文化西化」影響，越來越多提倡人權、平等的議題出現，印度社會越多希望走向世俗國家的聲音，社會大眾觀念的改變與經濟發展的現實，是 BJP 在思考未來政黨走向、訴求教派色彩時不得不斟酌考量的問題。[31]

BJP 向來不容易吸引印度教以外的宗教社群以及低種姓的選票，以 2004 年和 2009 年兩次選舉的比較，BJP／NDA 在高種姓的支持度明顯高於 INC／UPA10-20%，但在 OBCs、ST、SC 與其他宗教社群上，INC 都遠高於 BJP。種姓牌與印度教訴求在近年的選舉效果減弱也可從高種姓對 BJP 支持度的降低看出端倪；然而，另一種說法則是認為，BJP 支持度的下降，是其欲遠離 RSS、聯合家庭關係，以及淡化印度教徒特性、不積極主張傳統議題的後果。（參照表 5.7、表 5.8）

---

[30] 訪談於 2012 年 6 月 6 日，台北政大國關中心舉辦「印度學者來台工作坊—研究生論文研討」會議後進行。

[31] Peter Ronald deSouza, E.Sridharan, *op. cit.*, p.194.

表 5.7　2004 年下議院選舉種姓、宗教與政黨選票分布（%）

種姓／宗教	INC	INC 聯盟	BJP	BJP 聯盟
Upper caste	21	3	43	13
Peasantcastes	23	14	25	22
Upper OBC	23	13	21	18
Lower OBC	23	13	23	16
Dalit	28	9	12	11
Adivasi[32]	35	7	26	7
Muslim	37	16	7	4
Sikh	25	1	18	29
Christian	39	14	6	15

資料來源：Norio Kondo, "Election Studies in India," *Institute of Developing Economics*（Japan, 2007), Discussion Paper, No. 98. p.10. 筆者繪製整理。

表 5.8　2009 年下議院選舉種姓、宗教與政黨選票分布（%）

種姓／宗教	INC	INC 聯盟	BJP	BJP 聯盟
Upper caste	25.5	6.9	37.9	5.6
Peasantcastes	25.1	13.4	14.9	8.8
Upper OBC	23.2	7.2	21.6	4.9
Lower OBC	27.1	4.0	22.8	7.5
SC	27.1	7.0	11.9	2.9
ST	38.9	8.7	23.1	2.4
Muslim	37.2	10.2	3.7	1.9
Other	32.6	8.4	12.7	11.1

資料來源：「發展中社會研究中心」（Centre for Study of Developing Societies, CSDS），引自 Christophe Jaffrelot and Gilles Verniers, *op.cit.,* p.15。筆者繪製整理。[33]

---

[32] 阿迪瓦西為印度、尼泊爾境內的表列部落。

BJP 的宗教意識型態不但成為與其他政黨協商的阻礙，鞏固選票的兩難，有時更成為對手陣營最大的攻擊點。就算 BJP 近年開始淡化與 RSS 的關係，試圖朝中間路線發展，但他們認為 INC 不斷的抹黑、強調 BJP 與印度教徒特性、RSS 的關聯是狹隘的理解他們的意識型態與主張，BJP 認為印度教徒特性是一個「印度特性」（Indianness），非 INC 或其他對手所稱的「印度教民族主義」（Hindu nationalism）。換句話說，BJP 背上了宗教民族主義的包袱，要如何證明自己的態度與觀點，似乎不再掌控於自身政黨的手上，外界的觀點、政黨內部的反彈、聯合家庭其他成員的動作，都讓 BJP 在中間路線上走得緩慢與顛簸。

第三節　BJP 近況動態與意識型態走向

距 2014 年第 16 屆下議院選舉仍有一年多的時間，BJP 其實有相當大的機會、也有相當大的自信重返執政，尤其在 INC 近年對貪腐問題遲遲未解，以及經過 INC 十年執政，對選民來說有尋求改變的心態，都可能讓 BJP 獲得相當好的支持度。不過，觀察眼下幾年 BJP 不論在面對過去的意識型態與形象危機中仍未找到好方向，在印度教徒特性與世俗路線中擺盪，對於領導人的問題除了苦無人選外，甚至引發黨內派系紛爭。BJP 在野 9 年所面對的危機與困境，直至目前為止似乎沒有找到好的解決方式。因此，在本文主文的最後一節當中，探討 BJP 挑戰未來兩年地方與中央選舉時所面臨的困難，以及當前 BJP 的政策主軸與選戰策略。

---

[33] 網底標示代表兩年相比，INC 與 BJP 支持度有大幅變動的種姓社群。

壹、政黨內部派系分裂，領導問題浮現

　　1998 年 BJP 之所以能執政，瓦傑帕伊與阿德瓦尼的領導力占很大的原因，然而近八年來，資深的領導人漸漸淡出政壇、影響力消退，但新一代的領導人中還未出現一個能令眾人信服的主角，也沒有出現一個能吸引不同政黨合作的靈魂人物，部分資深領導人對於自己過度的自信、對權位的戀棧反倒使政黨內部發生嚴重派系衝突，不論是各自領導人派系或是世代間的成員想法差異都不斷撕裂政黨的凝聚性。那瑞維研究員表示，BJP 內部分裂真的面臨很大的危機，不論是在全國性的領導人物甚至在地方上派系問題，政黨整體缺乏向心力，對民眾來說完全無法了解 BJP 當前的核心價值與目標。[34]

　　現任黨主席加德卡里（N. Gadkari）面臨領導上的問題，據報導指出，雖然加德卡里是 RSS 支持下成為 BJP 的領導人，但自 2009 年就任至今，其表現受到相當多的批評，BJP 成員與 RSS 都認為其領導方式偏向個人主義，以個人利益決定政黨利益，在其領導下 BJP 原先的基本勢力印地語區（Hindi heartland）影響力並未擴大，加德卡里和黨內其他資深領導人如阿德瓦尼、莫迪等有保持距離的觀感也影響其在黨內的人脈，人事指派上延遲、對身陷醜聞的黨員仍支持其參選等決策，均造成 BJP 形象受損。原本還期望加德卡里在社會基層的經驗能為 BJP 贏得 2014 大選，但現在已出現許多反對其續任的聲浪，在這些觀點中都認為 BJP 唯有注入新血，才有勝選執政的可能。[35]

---

[34] 訪談於 2012 年 6 月 6 日，台北政大國關中心「印度學者來台工作坊─研究生論文研討」會後進行。

[35] Mohammad Naushad Khan, "Is RSS losing faith in Gadkari?" *The Milli Gazette*, Apr 13, 2012 (2012/4/23), http://www.milligazette.com/news/3544-is-rss-losing

　　當前有意角逐總理、政黨主席一職的有阿德瓦尼、莫迪、加德卡里以及現任下議會反對黨領袖薩瓦拉吉（Sushma Swaraj）等許多地方上的首長，但眾多人選中，阿德瓦尼年事已屆退休高齡，他是否能勝任並獲得年輕族群的支持仍待觀望；加德卡里領導能力受到質疑、薩瓦拉吉實力、影響力仍有待評估。當中最被看好、有野心的卻是莫迪，不過以他當前的魅力要從地方擴張到全國性的選舉，還有非常大的空間要努力，同時他背負著 2002 年宗教衝突爭議，絕對是 INC／UPA 在選戰中最好見縫插針、大書特書的地方。[36]

　　影響黨內凝聚的另一原因在於，選舉前 BJP 吸引了許多區域政黨與之結盟，其中也不乏知名科學家、演藝人員與 INC 成員，BJP 的聲勢一切看好。但黨內對這樣的狀況有反對的聲浪，認為這些人的加入，並非基於愛國心與對 BJP 的忠誠和認同，而是基於私利，若 BJP 執政後給他們獲得好處，會招來忠誠黨員反彈。

　　簡言之，領導人的問題為當前 BJP 的致命傷之一，那瑞維研究員更指出，因為沒有合適和被黨內認可的領導人，BJP 除了對內無法團結，對外更沒有能完全代表政黨和其他政黨進行協商的人物，對 BJP 未來的選戰相當不利。

-faith-in-gadkari-india-politics.

[36] "BJP 2014," *The Indian Express*(2012/5/20), http://www.indianexpress.com/news/bjp-2014/848092/0; "The Indian Lok Sabha General Elections '2014," http://www.travelindia-guide.com/elections-indian-lok-sabha/.

貳、宗教型政黨路線模糊

　　極端的宗教主張造成社會分裂，BJP、RSS 這類宗教基要主義團體也越遭批評，失去知識份子及多數選民的支持，BJP 內部對政黨未來的發展路線也有許多分歧的意見，一派期望往溫和中間路線靠攏，減少和 RSS 等組織牽連；另一派則仍堅持繼續往「親印度教」路線前進，認為正是因為就是 BJP 這幾年淡化印度教徒特性、與 RSS 關係疏遠，才會使他們在選舉上困難重重。

　　政黨內部對印度教民族主義看法分歧，顯示出此一主張對社會的號召力已有別過往，2005 年阿德瓦尼訪巴基斯坦的言論也凸顯 BJP 正面臨政黨路線的考量關口；而推動建立印度教國家的主張也只偏重吸引「高階種姓」的既得利益者，對於印度為數眾多的「低階種姓」族群和其他宗教社群想當然耳是排斥與反對。

　　BJP 就在宗教意識型態上不斷的擺動來回，過去協助它入主中央的家庭力量，現在卻成為無形的包袱、侷限。如何取得中間的平衡，除了領導人的態度立場有關外，最重要的是判斷當前印度社會的真正多數意志，是朝印度教民族主義、大印度教主義繼續前進；還是大家更關注經濟發展、國家建設、社會和諧以及政治清廉的改善，對於認同價值與精神，則在實質能力提升後，一併強化印度多元文化的傳播與分享。

參、政策訴求不明確，無法凸顯差異

　　當前諸多報導中，探究 BJP 之所以會喪失兩次的反轉機會以及評析 BJP／NDA 在扮演反對黨的角色優劣時都認為，BJP 最大的

問題與能贏得選舉的最關鍵策略，就是要提出具體、有區別性的政策宣言。BJP 對 INC 的批評與攻擊，大多關注對尼赫魯家族的批判，針對個人性的攻擊；但此種針對「人」的攻防，很明確、直接，但對一個政黨的形象與選舉的效果來說，幫助或許有限，有時甚至會顯得政黨氣度不夠。[37]

　　BJP 近年的口號是「不一樣的政黨」——*Party with a difference*，但就目前狀況來說，不論是在政策面或是形象面，BJP 在彰顯其與 INC 的差異上仍有相當大的進步空間。UPA 執政八年至今，政府的執政能力、廉能都出現弊端，不論是在物價的控制、貪腐、恐怖主義與中央聯邦和地方的關係上，都是 BJP 可以努力的方向，尤其在經濟政策，提出具體的改革方案、提高就業、穩定物價，貪腐問題。可惜的是，因 INC 深陷電信貪汙醜聞（2G scam），[38]而 BJP 卻也不斷被爆出貪瀆或議員的黃色風暴，使自己在道德面的攻擊上也站不住腳，成為 BJP 最大的敗筆。[39]

---

[37] Ibid.

[38] 2G 醜聞被稱為印度史上最大的政府貪污醜聞，也重傷國大黨與總理辛格的形象。事件起因於 2007 年 UPA 前電信部長拉賈（Raja）在 2008 年任職期間以不合理的低價大量發放 2G 手機服務營運執照給不合格的企業，在 2010 年 10 月 16 日被「印度審計部」（Central Bureau of Investigation, CBI）公布出來，國家資產損失達 390 億美元。此案甚至成為美國時代雜誌（*Time*）2011 年票選「十大貪腐」的第二名，僅次於水門案。" 2G scam: After Behura, will Raja get bail?" *The Indian Express*(2012/6/3), 2012/5/9, http://www.indianexpress.com/news/2g-scam-after-behura-will-raja-get-bail/947293/1; "Top 10 Abuses of Power," *TIME*, 2011/5/17(2012/6/3), http://www.time.com/time/specials/packages/article/0,28804,2071839_2071844_2071866,00.html.; 〈印度電信腐敗醜聞升級 總理辛格和國大黨進退兩難〉，《國際在線》（2012/6/3），2010 年 11 月 22 日，http://big5.cri.cn/gate/big5/gb.cri.cn/27824/2010/11/22/5187s3064440.htm

[39] Amulya Ganguli, "Sex, lies and videotape hit BJP," *India Times*(2012/6/3), http://www.newsindia-times.com/newsindiatimes/201202235/5090968078707896487.htm

　　儘管 BJP 漸漸在古吉拉特、中央邦和比哈爾邦得到部分穆斯林的支持，果阿省中也有基督徒的選票，在黨部中有喀什米爾穆斯林的官員等，這些展現包容、拉近與其他宗教距離的行動與成果，都仍無法消除政策面的不紮實所帶來的負面影響。[40]

肆、BJP 2014 年大選選戰方向

一、爭取 2013 地方選舉的勝利

（一）2010 年-2012 年表現平平，北方邦仍落選

　　地方選舉（Assembly election）往往是中央選舉的前哨戰，從地方選舉開始觀察 NDA、UPA 兩大政治聯盟的支持度走向、不同地區的支持度差異，同時更是觀察地方政黨的好時機，一方面是測試各方的合作默契與結盟效果，另一方面尋求更好的機會與對象。許多的選舉制度研究也認為，若能在地方選舉中拿下 2/3 以上的席位，該黨就非常有機會在中央選舉中於該邦拿下過半多數的席次。

　　以每五年為一屆的方式計算，近年首輪的地方選舉自 2010 年開始，此任期會持續至 2015 年。2010 年舉辦地方選舉是比哈爾邦與賈坎德，在比哈爾邦 BJP 依舊與 JD（U）合作分別拿下 91 席與 115 席，繼續執政。[41]但在賈坎德的部分，BJP 與 JD（U）敗給 INC

---

[40] Shankkar Aiyar, "Can we bank on BJP if Congress is crashing?" *Indian Express*, 2012/4/8 (2012/6/3), http://expressbuzz.com/biography/Can-we-bank-on-BJP/380082.html.

[41] 2005 年 BJP 得到 55 席，JD(U)獲得 88 席。

和 Jharkhand Vikas Morcha（JVM）聯盟，雙方相差五個席次，BJP
喪失執政地位。而 2011 年地方選舉的表現中，BJP 面臨相當大的
困境，與 2006 上屆選舉相比，BJP 在共產黨勢力為主的喀拉拉邦、
西孟加拉邦依舊沒有任何席次，反觀 INC 分別與地方政黨 United
Democratic Front（UDF）、AITMC 合作下，不僅政黨的得票增加，
更成為執政黨，有相當突出的表現；阿薩姆邦 BJP 席次減少 6 個還
是抵不過 INC、AGP 的實力，而泰米爾納度邦 INC 執政地位遭
AIADMK 取代，但 BJP 仍苦無任何席位。

　　而 2012 年的地方選舉，BJP 狀表現仍還不錯，在果阿省獨得
21 席，取代 INC 成為過半多數執政，但果阿省僅在中央選舉中占
2 席，實對大選幫助有限；而在旁遮普邦與 SAD 合作，持續穩居
執政地位，而 INC 在北阿坎德邦與曼尼普爾執政。但 2012 年選戰
中也包含中央選舉一向最關鍵的北方邦，在此邦 BJP 與 INC 仍是
外圍政黨，而今年由 SP 擊敗 BSP 重回執政黨地位，因此誰能在
2014 年前獲得 SP 的信賴與合作，將是 2014 年大選相當重要的關
鍵因素。（參照表 5.9）

表 5.9　2007 年與 2012 年四邦地方選舉政黨席次比較

邦（地方總席次／中央代表席次）	政黨（席次）	政黨（席次）
	2007	2012
果阿（40/2）	INC(16) BJP(14) Others(10)	BJP(21) INC+(9) Others(10)
北方邦（403/80）	BSP(206) SP(97) BJP(51) INC(22) Others(27)	SP(224) BSP(80) BJP(47) INC+(38) Others(14)

曼尼普爾（60/2）	INC(30) BJP(0) Others(30)	INC (42) BJP(0) Others(18)
旁遮普 （116-117/13）	SAD -BJP(48-19) INC(44) Others(5)	SAD-BJP(68) INC(46) Others(3)
北阿坎德 （69-70/5）	BJP(34) INC(21) Others(14)	INC(32) BJP(31) Others(7)

資料來源：Election Commission of India。筆者整理繪製。

　　不論是 RSS 或 BJP 都知道北方邦在選舉中的重要性，但近年在此地區一直由 BSP 與 SP 兩黨獲得較多的支持（參照圖 4.1 與表 4.2）。而 BJP 在下議院選舉中於北方邦的表現更是每況愈下，席次由 1999 年 29 席至近兩屆選舉都僅獲得 10 席，反觀 INC 由 1999 年 10 席，2009 年增加至 21 席（參照表 5.10），就連 RSS 都承認 BJP 之所以無法重掌內閣，和北方邦的情況相當有關，RSS 表示 BJP 在北方邦只能「填補國大黨」（Congress patch），也失去與人民溝通的管道，BJP 領導人的能力、政黨的核心意識型態與原則方向都是選民關注的焦點，領導人更是關鍵中的關鍵。RSS 認為，BJP 在此地的弱化，是他們忽略了北方邦獨特的種姓主義與社群政治，應從選舉中證明與加強基要主義的論述才是正確的。[42]

---

[42] "Difficult for BJP to come to power in 2014: RSS," *The Times of India* (2012/6/3), http://articles.timesofindia.indiatimes.com/2012-03-11/india/31144948_1_poll-outcome-saffron-party-election-results.

表 5.10　北方邦主要政黨下議院選舉席次比較（1992 年~2009 年）

政黨	席次（總席次：10~13 屆 85 席，14、15 屆 80 席）					
	1991 年 （10th）	1996 年 （11th）	1998 年 （12th）	1999 年 （13th）	2004 年 （14th）	2009 年 （15th）
BJP	51	52	57	29	10	10
INC	5	5	X	10	9	21
JD/JD(U)	22	2	X	X	1	X
BSP	1	6	4	14	19	20
SP		16	20	26	35	22

資料來源：Election Commission of India; Indian Election Affair。[43]筆者繪製整理。

（二）2013 年關鍵戰役

2013 年舉辦選舉的邦有主要有中央邦、拉賈斯坦、克納塔克、古吉拉特、喜馬偕爾與德里等十個，目前 BJP 在當中有五個執政邦，國大黨四個，另一為共產黨執政。BJP 對這幾個邦相當有信心也相當重視，除了因為這是距 2014 年選前最近的選舉外，更重要的是這五大邦中包括那加蘭（Nagaland）、中央邦、克納塔克、古吉拉特與喜馬偕爾邦，BJP 近乎都為獨立執政的絕對多數；若 BJP 能順利連任，不僅代表其執政表現受到肯定，更能鼓舞整體氣勢。以中央邦來說，BJP 在這裡相當有信心對戰 INC，因為 2003、08 年 INC 都無法在此執政，中央邦對 BJP 來說是相當重要的指標，也是 BJP 最大的票倉，這與印度教在該邦的影響力相當有關，但

---

[43] Indian Election Affairs, "Results General Elections 2009:State wise Performance Political Parties," (2012/6/3), http://electionaffairs.com/results/ge2009/state-wise-perform/up-results-parties.html.

INC 也有相當縝密的迎戰策略，針對 BJP 政府的貪腐與執政缺失，
進行攻防，有意挑戰其執政地位。[44]（參照表 5.11）

表 5.11　2008 年地方議會選舉 BJP 與 INC 席次比較

邦（地方總席次／ 中央代表席次）任期屆滿日		BJP	INC
中央邦（230/29）　12.12.2013		143	71
米佐拉姆（40/1）　15.12.2013		0	32
德里（70/7）　17.12.2013		23	42
拉賈斯坦（200/25）12.12.2013		79	96[45]
克納塔克（224/28）03.06.2013		110	80
那加蘭（60/2）　　26.03.2013		2	23
	BJP -NPF(26)-NCP(2) 三黨組成納加蘭 聯盟(Democratic Alliance of Nagaland)		
古吉拉特（182/26）17.01.2013		117	59

[44] "BJP gears up for 2013 Assembly elections," *The Times of India*(2012/5/18),
http://articles.timesofindia.indiatimes.com/2012-04-07/bhopal/31304278_1_bjp
-gears-assembly-elections-bundelkhand; "Congress prepares to take on BJP in
2013 Assembly polls in MP," *The Indian Express*(2012/5/19), http://www.
indianexpress.com/news/congress-prepares-to-take-on-bjp-in-2013-assembly-po
lls-in-mp/859944/1.

[45] INC 之所以能在 2008 年打敗 BJP，與當時 BJP 領導人 Vasundhara Raje 強
勢的領導風格、貪污，攻擊農民與引發地方上的衝突有關，讓他樹立更多
敵人，原先的支持者紛紛離去。但 INC 雖獲得 96 席，位居於最大黨，但
仍需五個席次確保它成為過半多數，最後與 BSP 的 6 席合作執政。"A
Complete Analysis of Assembly Election Results in Delhi, Rajasthan, MP and
Chhatisgarh," (2012/6/3), http://breakingnewsbuzz.blogspot.tw/2008/12/complete-
analysis-of-assembly-election.html; "BSP plans action against MLAs," *The
Times of India*(2012/6/3), http://articles.timesofindia.indiatimes.com/2009-04-05/
lucknow/28026895_1_anti-defection-law-bsp-mlas-rajasthan-unit; "A Complete
Analysis of Assembly Election Results in Delhi, Rajasthan, MP and
Chhatisgarh," http://breakingnewsbuzz.blogspot.tw/2008/12/complete- analysis-of-
assembly-election. html.

喜馬偕爾（68/4）	1.10.2013	41	3
梅加拉雅（59/2）	10.03.2013	1	25
特里普拉（60/2）	16.03.2013	0	10
		CPIM(46)	

資料來源：Election Commission of India。筆者繪製整理。

二、反貪腐與其他選前議題

（一）反貪腐主軸

　　儘管當前 BJP 刻意淡化印度教民族主義意識型態，與聯合家庭成員有所距離與區隔，但事實上面對全國大選，成員間的溝通與合作是不可或缺的。2011 年八月，聯合家庭在 Ujjain 舉行了 Samanwaya Baithak（聯合會議），決定了 BJP 各部門的選戰主軸，中央領導階層的以「反貪腐」（anti-corruption）作為選戰策略，並且反對「社群衝突法案」（Communal Violence Bill）；[46]而地方上以「印度教徒特性的好政府」（*Hindutva-oriented good governance*）作為核心主軸。[47]

---

[46] RSS 甚至出版專書來批評此一法案，參見 Ram Madhav, *Communal Violence Bill: Threat to National Integration, Social Harmony and Constitutional Federalism*, (New Delhi:VSY, RSS, 2011). 該書中認為該國大黨 2005 年拋出此「社群暴力法案」，廢除了 POTA，美其名是防止社群暴利，但事實上是為了反擊國內的印度教團體（Hindu groups）和組織（p.3）；並且認為此法案中重申對 ST、SC 的保障是弱化印度教主義（Hinduism）、印度教文化在印度的發展，助長了改宗的力量（pp.27-28）。同時批評其定義模糊、侵犯地方政府權力等（p.32）。

[47] "BJP eyes returns from agitation, Sangh calls strategy baithak," *The Indian Express*, 17 Aug, 2011, (2012/5/7), http://www.indianexpress.com/news/bjp-eyes-returns-from-agitation-sangh-calls-strategy-baithak/832913/1." War by other means,"

「貪腐」一向是印度政治最嚴重的問題，UPA 在執政初期總理辛格以 1991-1996 年印度財政部長清新、廉潔、有才幹的光環贏得社會的青睞，但現在也因 INC／UPA 被指控多起貪汙案，尤其在 2G 醜聞上更將原本良好的形象蒙上包庇犯罪、掩蓋證據的汙名。[48]

（二）其它經濟、社會議題

面對 2014 年的大選，貪腐議題是 INC 面對的最大阻礙，相反的是 BJP 的優勢外，原物料上漲對一般百姓生活的影響、黑金問題等都讓民眾對 UPA 政府的聲望與期待下降，BJP 似乎掌握大好的機會，但有趣的是，每當 INC 遭批評他們卻總能運用高度靈巧的政治手腕、手段，化險為夷，反將批評者一軍，所以 BJP 是否可以抓住 INC 的痛處奮力一搏，仍考驗著 BJP；另外，INC 在行銷與媒體公關上花了相當大的工夫，尤以 NDTV 和 Rediff 為重，在兩方媒體的報導中對 INC 相對寬容，對 BJP 則比較負面與冷淡，媒體行銷與宣傳，也是 BJP 想打贏選戰，須特別經營的部分。[49]

宗教社群的支持上，近年 INC 在穆斯林社群或其他宗教團體間的形象越來越差。那瑞維表示，穆斯林團體、基督教團體對於 INC 在選後的態度不論是內閣分配、選前政策協議執行上，都站在懷疑

Frontline, Vol.29(2012)(2012/5/7), http://www.flonnet.com/fl2903/stories/20120224290300400.htm.

[48] 〈印度總理回應涉嫌腐敗質疑：若屬實將辭職〉，《北京新浪網》（2012/6/12 瀏覽），2012 年 5 月 31 日，http://news.sina.com.tw/article/20120531/6900225.html。

[49] "Congress gameplan 2014 aptly aided by BJP, NDTV and Rediff," *Travel India Gguide*(2012/6/3), http://www.travelindia-guide.com/india-news/index.php/2011/08/congress-gameplan-2014-aptly-aided-by-bjp-ndtv-and-rediff/.

與不信任的立場。[50]以 2009 年中央邦的地方選舉為例，該邦唯一的穆斯林議員只有 INC 提名的一位曲棍球選手，此一結果對穆斯林而言相當難接受，他們認為 INC 只將他們視為選票工具，席位分配並不公平，也欠缺應有的代表性，穆斯林在印度的政治權力與影響力雖大，但卻也被變相的被壓縮，只不過在此事件上，相對於 BJP，名單內甚至沒有一位穆斯林的候選人。[51]

但那瑞維卻也指出，事實上近年許多南部的少數宗教社群如穆斯林、基督徒等，反而開始支持 BJP，因為他們認為 BJP 的結盟政黨減少，若與 BJP 合作，就更有機會晉升內閣成員，並且可以逼迫 BJP 執行協議。因此穆斯林等少數團體採取逆向操作的方式，試圖強化少數社群在政治上的發揮空間。同時，面對女性地位的抬頭與民主化的背景，女性的影響力越來越明顯，在這次選舉中宣稱要保留 50%的預算與內閣席次給婦女，在女性保障政策中爭取女性選票。[52]

對比研究員一再強調的領導人問題、派系問題是 BJP 內部及選戰的最大憂慮，但在訪談 BJP 上議院議員與該黨主席秘書時，他們都對未來的選舉相當有信心，議員更不認為 2002 年古吉拉特事件是 BJP 的包袱，他認為這已經是過去的事，BJP 看重的是 BJP 的未來，就如同加德卡利在 2012 年 5 月 25 日在孟買宣稱，INC 必須對

[50] 訪談於 2012 年 6 月 6 日，台北政大國關中心舉辦「印度學者來台工作坊—研究生論文研討」會議後進行。

[51] "One Muslim candidate turns Muslims against Congress," *MiD Day*, Apr 19, 2009(2012/5/4), http://www.mid-day.com/poll2009/2009/apr/190409-One-Muslim-candidate-turns-Muslims-against-Congress.htm.

[52] "BJP womens wing ready for 2013 election," *IBN Live*, 2012/04/01, (2012/6/4), http://ibnlive.in.com/news/bjp-womens-wing-ready-for-2013-election/244683-60-115.html.

當前印度的所有問題負責，從貪腐、通貨膨脹到失業率，BJP／NDA
將會在 2014 重返中央政府。[53]

小結

　　2004 年到 2009 年的選舉 BJP 面臨相當嚴峻的考驗，為了籌組
聯合內閣、政黨聯盟，過去能讓他們崛起、擴張的宗教民族主義意
識型態根基，如今卻成為他們與其他政黨合作的障礙，同時也變成
政黨決策時被限制的因素。聯合內閣的制度讓他們有機會倚靠不同
的政黨增強實力，但也因為相對多數決和其他的制度限制使他們無
法全憑自己的力量重返光榮。

　　BJP 近年發展的狀況、所遇的問題，在領導人議題上仍未明
朗，而領導人卻絕對是影響選舉的關鍵。瓦傑帕伊歷史神話已不復
見，BJP 還苦無強而有利、魅力超凡的領導人，政黨的意識型態也
依舊是無解的制肘，他們希望藉由 INC 的弊端彰顯自己的光環，
卻經常反陷自己於不利，也沒有足夠的立場批評對手。目前 BJP
只能寄予地方選舉給予信心，同時也給與政黨更有彈性的調整和結盟
機會，近期 BJP 已開始和部分政黨接觸，如 AIADMK、BJD、TDP、
NCP、Haryana Janhit Congress(HJC)、Republican Party of India 等。[54]

---

[53] "BJP-led NDA govt will come to centre after 2014 elections: Gadkari,"
Pravasitoday, 2012/5/26(2012/6/12), http://www.pravasitoday.com/bjp-led-nda-
govt-will-come-to-centre-after-2014-elections-gadkari.訪談於 2012 年 2 月 10
日，新德里。

[54] "BJP 2014," The Indian Express(2012/5/20), *op. cit.*

　　總歸而言，北方邦（80 席）、馬哈拉施特拉邦（48 席）、安德拉邦與西孟加拉（各 42 席）、比哈爾邦（40 席）、泰米爾納度邦（39 席），此六大邦總共 291 席，超過下議會總席次一半以上，但 BJP 目前在六大邦中只獲得 35 席，情況非常不好，INC 則有 87 席，要如何突破地方議會低迷的表現，不論是提升政策面的吸引力，或是盡可能與當地的政黨合作，都是 BJP 要審慎思考的方向。

第六章　結論

　　「印度教民族主義」（Hindu nationalism）在一個殖民歷史下被激起，儘管本意無心挑起宗教間的對立與衝突，但進一步的發展與演變，使「印度教徒特性」（Hindutva）、「印度教國家」（Hindu Rashtra）等強烈的印度教中心論述、宗教民族主義主張出現。因為身處在印度這個獨有的宗教、社會、政治背景，他們希望維護占國家 80%的印度教社群，保障他們身為多數的團體利益與文化，而反對外來文化對本身文化的干擾，堅信用自己的文化抵抗外侮，且不論是對伊斯蘭文化或西方文化。然而，當民族主義氛圍把對國家、民族的「認同」與特定的「宗教」結合時，無可避免的將擠壓同一社會中的不同宗教社群發展空間，而造成更多反彈與衝突。

　　「印度教民族主義」在印度獨立初期轉趨低調，但所附屬的組織活動卻暗潮洶湧。「聯合家庭」在 RSS 的主導下成為印度教民族主義最大的代表團體，1951 年「人民同盟」（JS）在其支持下以政黨形式成立，所有累積的能量在 1970 年代爆發，成為印度教民族主義復興的開端。因為此股高漲的氣勢，使「人民同盟」無畏其他政黨的壓力，堅持其「印度教民族主義」的核心精神，成立「印度人民黨」（BJP）。印度人民黨在短短的十年一躍成為下議會中的最大黨，1996 年到 1999 年經過兩次被倒閣的挑戰，最終還是站穩執政黨地位，完成到 2004 年的五年任期，他們成為印度史上第一個挑戰 INC、完成執政任期的政黨。

　　如此一個以「印度教民族主義」、「印度教徒特性」為根基的政黨，如何在一個強調世俗性、宗教平等、宗教自由的社會中發酵、擴張，成為筆者撰寫本文的核心問題意識。本文透過「認同」與「制度」兩個因素觀察 BJP 的崛起、發展與侷限。試圖拼湊出在其執政時期，是否將它所信奉的宗教民族主義意識型態，付諸於實際政策，而此一政黨的執政對印度社會與整體國際形象造成何種衝擊與影響。

第一節　研究發現

壹、認同與制度促成宗教型政黨的發展

一、「認同」凝聚宗教意識型態，促進宗教型政黨發展

　　本研究發現，鞏固並強化對宗教民族主義的「認同」，是促進 BJP 此種宗教型政黨快速發展的關鍵因素。而認同的凝聚與強度的增加，就如同 Ted Gurr 對「團體認同強度」與「團體凝聚程度」的解釋指標，認為宗教、種族、文化、共同歷史等「共同特徵」越多，則認同強度越大；派系越少、領導人越具權威、溝通互動越多則團體的凝聚力越強。由此觀察 BJP 在「認同」上的運作可以發現，身為「聯合家庭」的一員，BJP 運用政策宣言、行動與在其網站宣傳「共同的特徵」、共享的宗教、文化與歷史，強調印度教文明過去的輝煌，與受伊斯蘭文化、西方文化壓迫的歷史，用印巴分治後

對穆斯林忠誠度的懷疑，來強化對印度教民族主義的認同與聯合家庭的連結；另一方面，有 RSS 所屬的附屬組織，不論透過教育、公益團體或勞工組織等深根與擴張其意識型態影響力與認同強度，以此獲得穩定的選票基礎。

BJP 成立初期，在 RSS 的領導與掌控下，聯合家庭包含 BJP 有一致的領導權威，派系矛盾少，且 BJP 主要的兩個領導人阿德瓦尼與瓦傑帕伊（Vajpayee），前者頂著阿瑜陀事件帶來的英雄光環，吸引聯合家庭與印度教民族主義支持者的崇拜；而後者，則是散發著繼尼赫魯後前所未有的領導人魅力，他一邊緊繫著聯合家庭，另一邊則是彰顯他溫和、柔軟的身段與氣質，穩固政治聯盟與其它選民的支持。這些反映了本研究的「假設（一）」與「假設（二）」，BJP 對它所背負的宗教民族主義是它們成功的踏腳石。

二、單一選區相對多數決制與聯合內閣制度加速執政機會

「單一選區相對多數決制」最初並不利於小黨的生存，但「相對多數決制」讓各政黨勝選門檻降低，配合在 1960、70 年代，INC 勢力衰弱，同時又沒有一個政黨可以獨自成為議會過半多數時，聯合內閣成為印度中央與地方政治常態。透過政黨聯盟的形式加快了 BJP 的執政機會，相較於 INC，BJP 較早認知到這樣的政治生態，從地方開始與中央次要政黨、地方政黨合作，不但獲得不同政黨群眾的支持，又能在以地方議題主導的選戰中有所代表的立場與發聲機會。透過分析 BJP 在地方與中央選舉上的表現也發現，在 1980 到 90 年代，其地方上的影響力增加，全國性政黨的地位也同時被凸顯。

　　地方選舉成功的經驗，被複製到中央選舉，「全國民主聯盟」
（NDA）的成立，更印證了選舉制度、內閣議會制度對宗教型政
黨發展上的正面作用。BJP 藉當時 INC 的腐敗、集權，和跳脫 INC、
脫離 INC 掌控的外圍政黨的氣氛，集合了眾多「反國大黨」勢力
成功的超越 INC 長期以來的獨霸勢力。

　　然而，在這一政治聯盟中，是否能涵蓋不同的文化、宗教社群，
達到 Arend Lijphart 所設想的「大聯合政府」（grand coalition）仍值
得商榷。但整體而言，就一個政黨聯盟要能合作競選、穩定執政，
最基本的利益協商與分配一定具備，就如內文所說的，聯盟的形成
與考量，實際的政治利益遠遠超過意識型態，因此在解讀為何這些
政黨會願意與 BJP 合作時，不能認定他們支持 BJP 的宗教意識型
態；同樣的，也不能解讀為 BJP 完全拋棄「印度教徒特性」的核心
精神。總而言之，選前的權力分配，內閣部長席位的瓜分協議是聯
盟成功重要的關鍵。此一政治聯盟形成的背後目的與原因，也解釋
了為何 BJP 會在 1996、1999 年面臨兩次的不信任案危機。

　　但無論如何，BJP 當時成功的帶領 NDA 渡過了倒閣案，入主
中央完成執政大業。以上應證了本文的「假設（三）」，「制度」對
宗教型政黨、新興政黨的執政助力。

貳、執政成果毀譽參半

　　「假設（四）」觀察宗教型政黨執政對社會的正、負面影響。
綜觀 BJP 在 1998 年到 2004 年的執政政績，宗教民族主義在其國
內、外政策中有不同的作用與影響性。1998 年 BJP 二度執政，核
武試爆向國際宣示印度的戰略自主性與應有的國際軍事地位及實
力，在這背後無疑的隱含強烈的民族意識，儘管它們並沒有將印度

教當作宣揚的口號，但從其言論與聯合家庭一貫的邏輯，印度必須展現其大國實力、軍事力量，抑制中國與巴基斯坦的威脅，加上它們對印度核武的歷史研究與討論，很難將「印度教徒特性」、「印度教民族主義」的精神與之抽離。但無論如何，印度社會對此政策都抱持著正面的看法，其他外交作為上，尤其與鄰國的關係 BJP 也試圖展現它的優勢與力求突破。

不過在其他議題，BJP 的立場與作為卻常引發爭議與自相矛盾。尤其在經濟政策與少數民族政策上，BJP 從「甘地式的社會主義」注重本土企業、發展在地經濟，轉向「自由資本主義」開放外資、技術與企業投資，儘管帶領印度邁向空前的經濟成長，但除了結果上因為城鄉、階級發展失衡飽受批評外，如何平衡在地企業與外資企業的競爭力，或達到同步提升的雙贏效果，BJP 似乎無法提出有效的因應政策。少數民族政策更一個模糊的態度與立場，同時必須顧及少數社群的選票、其他政黨的意見，更重要的是受到聯合家庭的制肘。這些政策上的態度模糊，都有損 BJP 在執政能力上的公信力與威望。

宗教政策和內政，更是 BJP 令人詬病的地方。不論是教科書內容上的爭議、教育政策的改革、對特定印度教教育學校的推崇與贊助等，或在地方宗教衝突所扮演的角色與立場、執法的態度等，都成為 BJP 在執政時對社會造成的負面作用與影響。

參、「制度」：「助力」成「阻力」

近年的 BJP 在中央選舉上的表現並不穩定，就算部分地區仍保有一定的優勢如古吉拉特、比哈爾、哈里亞納等，但 BJP 仍然無法回到過去的輝煌成就。而最主要的原因與有兩種截然不同的看法，

一種是認為 BJP 無法完全遠離「聯合家庭」的框架，造成許多政黨
為彰顯他們的世俗性，或不願牽扯入過多的爭議話題而選擇保留態
度，但也不等同於這些政黨直接加入 UPA，他們選擇保留加入聯
盟決定的彈性，也因此使 BJP／NDA 的聯盟數變少、不穩定性增
加；另一看法認為，BJP 之所以近年表現差強人意，與它遠離或刻
意淡化與聯合家庭、RSS 的連結有絕大的關係，因為此作法除了無
法吸引過往偏右派、保守派選民的支持，又無法彰顯其核心的理
念，政黨訴求與路線的不明確，造成選民對該政黨執政能力的疑慮。

　　但總歸而言，BJP 面對的發展侷限根源仍來自民主、選舉「制
度」對它的限制，在未要求絕對多數方能執政的選舉制度、政府制
度中，若又無法成為單一過半、絕對多數政黨的現實狀況下，不論
BJP 是否能成為相對多數政黨（1996-1999 年也僅是相對多數，2004
年、2009 年僅為第二大黨），都必須與其他政黨合作、籌組政治聯
盟；除了盡可能吸引相同意識型態的政黨合作如 SS，當其他多數
政黨強調的不是它們所信奉的「印度教民族主義」、「印度教徒特
性」，或甚至與之相反追求世俗性、或其他宗教、種姓利益時，BJP
就必須要迫於實際考量而調整在這方面的訴求；而此一調整又會影
響到其固有的選票基礎，讓 BJP 呈現兩難的窘境。因此，說明本研
究「假設（五）」：議會內閣制中，若宗教型政黨無法成為國會中穩
定多數，「聯合內閣」將成為國家政治常態，宗教型政黨將難以維
持穩定與獨立執政優勢。

　　同時，因為民主制度的多元性並且以民眾的選擇作為依據，政
黨必須跟隨多數民意的走向，調整政策、態度與論述，這是一個現
實也實際的制度環境，當宗教牌在近年的選舉已無法成為驅動人民
的工具時，BJP 就有必要挖鑿其他的議題，除了彰顯其優勢更要突
顯與執政黨的區別性，才有足夠的力量吸引選民重新支持其政黨與
聯盟。

　　除了政策要能彰顯差異，回到政黨聯盟的必要性上，政治利益的分配、協商，才是選舉中最現實、直接的部分，意識型態、政策往往在當中只是一個次要性的問題，因此若不能有合宜的利益調控與分配，或對外界釋出的誘因和善意不夠，將無法吸引其他政黨，此成為另一個政治制度下對該政黨的侷限。以上的制度現實顯露在 2004 年、2009 年的選舉中，BJP 政黨聯盟數銳減，失去泰米爾納度邦重要政黨的支持、北方邦節節敗退又無法得到地方政黨的支持；以及聯合家庭的反彈、批評，和政黨內部路線的矛盾與爭議。

第二節　研究展望

　　儘管 BJP 常被諷刺為一個自我感覺良好的政黨（feel-good），失去政權八年來 BJP 還是一直表現其信心與野心再度重返執政，可惜不論是政黨聯盟的協商或選戰議題、主軸的策略訂定，BJP 當前還是面對嚴峻的考驗。尤其最重要的領導人角色，至今仍是撲朔迷離，派系問題影響政黨整體團結與形象，雖最大對手 UPA 也陷入空前的執政危機，但絕不表示 BJP 就可以輕鬆迎戰。

　　意識型態上，RSS 對 BJP 寄望仍在，期望他們能回頭團結，但雙方至目前都還在尋找平衡點，BJP 如何弭平內部的爭議？RSS 主導下的聯合家庭如何看待聯合內閣、政黨聯盟的趨勢，考驗著雙方領導人的決定？重點仍又回到領導人問題上。另外，若 BJP 持續與「印度教民族主義」保持距離、淡化「印度教徒性」會不會激起更激進、激烈的保守派政黨出現，或在找不到政治出口，實現理念的同時造成更令人憂慮的社會問題？

在印度這不思議（incredible）的國家中，沒有甚麼是絕對、沒有甚麼是一定、也沒有甚麼是必然的趨勢，但印度政局的穩定對國際現勢的重要性絕對值得持續的觀察與關注。

第三節　研究貢獻

台灣近年積極佈局印度，更想從經濟著手「經略印度」，然而「政」、「經」對兩個國家的互動是一體兩面的問題，台灣從過去到現在與印度政治的聯繫，BJP 是非常重要的對口，1999 年莫迪任 BJP 秘書長與國會議員時率團訪台，開啟雙方首次官方接觸；2007 年馬英九訪問印度，會見 BJP 主席 Rajnath Singh；2009 年印度人民黨議員訪台拜會總統府、2011 年經建會主委拜訪古吉拉特，推動「台灣工業園區」計畫等，到 2012 年有更進一步的規劃。台灣與 BJP 的關係如此密切，若想增進雙方的互動，或提升兩國的關係，我方勢必要更了解這個政黨的過去、現在與未來，才能在適當的時機，作出正確、適當的回應與合作，因此本書期待能在此議題上，作出微薄的貢獻，與一己之力，供諸方參考與討論。

參考書目

壹、中文部分

一、專書及專書論文

Amartya Sen，陳信宏譯（2008），《好思辯的印度人》。台北：先覺。

Arvind Sharma，張志強譯（2003），《印度教》。台北：麥田。

Cybelle Shattuk，楊玫寧譯（1999），《印度教的世界》。台北：貓頭鷹出版社。

Fareed Zakaria，孟玄譯（2005）《自由的未來 美國國內和國際間的偏執民主》。台北：聯經出版社。

Larry Diamond，林苑珊譯（2009），《改變人心的民主精神——每個公民都該知道的民主故事與智慧》。台北：天下文化。

Mark Tully，黃芳田譯（2001），《印度沒有句點》。台北：馬可孛羅文化。

方天賜（2004），〈東亞與南亞地區的種族與宗教衝突〉，收於張亞中主編《國際關係與現勢》。台北縣：晶典文化事業出版社。

林雅婷（2008），〈平權運動：印度高等教育的進入管道與品質議題〉，收錄於鄭端耀主編，《印度》。台北：遠景基金會，政大國關中心。

芭芭拉・麥卡夫、湯瑪斯・麥卡夫著，陳琦郁譯（2005），《劍橋印度簡史》。台北：左岸文化。

孫士海、葛維均編著（2003），《列國志 印度》。北京：社會科學文獻出版社。

張世澤，鄭端耀主編（2009），〈印度社會的種姓制度〉，《印度》。臺北：遠景基金會，政大國關中心。

張戰、李海君（2009），《國際政治關係中的宗教問題研究》。北京：中國社會科學出版社。

二、期刊論文

文富德（2005），〈從瓦傑帕伊政府大選失敗看印度經濟改革的幾點教訓〉，《南亞研究季刊》，第 2 期，頁 1-6。

方天賜（2002 年），〈印度教民族主義自一九九〇年代以來的發展及其意涵〉，《問題與研究》，第 41 期， 第 4 卷（2002 年），頁 47-63。

巨克毅（2002），〈全球化下的宗教衝突與基要主義〉，《全球政治評論》，第 1 期，頁 59-86。

朱明忠（1996），〈尼赫魯的世俗主義觀及其社會影響〉，《南亞研究》，第 3 期。

朱明忠（1996），〈尼赫魯的世俗主義觀及其社會影響〉，《南亞研究》，第 2 期，頁 8-16。

朱明忠（1999），〈印度教民族主義的興起與印度政治〉，《當代亞太》，第 8 期，特稿。

吳得源（2006），〈從單極、多極到兩極式代表機制？──印度政黨體系之演進特徵與民主實踐〉，《台灣國際研究季刊》，第 2 卷第 4 期，頁 51-72。

貝淡寧（2007），〈社群主義對自由主義的批判〉，《政治與社會哲學評論》，第 23 期，頁 1-45。

季平（1996），〈哈瓦拉案與印度大選〉，《當代世界》，第三期，頁 12-14。

尚勸余（2005），〈印度人民黨政治風波的原因與後果〉，《南亞研究季刊》，第 2 期，頁 60-64。

邱永輝（1999），〈淺析印度人民黨的觀念變化〉，《南亞季刊》，第 3 期，頁 29-35。

范名興（1996），〈印度人民黨──第 11 屆大選的一支勁旅〉，《南亞研究季刊》，第 2 期，頁 6-10。

張世強（2003），〈論宗教社群主義與印度人民黨的崛起〉，《中山人文社會科學期刊》，第 11 卷第 1 期，頁 71-101。

陳才明（2005），〈從印度人民黨下台看執政的基礎建設〉，《環球視野》，頁 42-43。

游祥洲（2011），〈論安貝卡主義、印度人權革命與佛教復興──一個全球倫理的觀點〉，《玄奘佛學研究》，第 16 卷，頁 161-196。

程立濤、曾繁敏（2005），〈社群主義與集體主義之比較〉，《河北師範大學學報》，第 28 卷第 5 期，頁 16-20。

劉善國、王麗莎（1998），〈印度新政府的施政綱領及其面臨的問題〉，《南亞研究季刊》，第 2 期，頁 33-37。

劉學成（1996），〈印度未來政治發展的趨勢〉，《南亞研究季刊》，第三期，頁 41-47。

劉學成（1996），〈試析印度大選後的政治發展〉，《南亞研究季刊》，第 2 期，頁 1-35。

鄭瑞祥（2009），〈印度大選及新政府政策走向〉，《國際問題研究》，第 5 期，頁 39-46。

三、學位論文

白兆偉（2007），《美國小布希政府出兵伊拉克之決策研究——從層次分析探討》（台中：中興大學）。

張世強（2003），《從印度人民黨的崛起論晚近印度政教關係》（台北：政治大學）。

四、網路資料

〈印度古茶拉底省盼與台灣建立投資多元化關係〉，中央社，連結自駐印度代表處，（2012/6/12 瀏覽），http://www.roc-taiwan.org/IN/ct.asp?xItem=86258&ctNode=6279&mp=276&nowPage=3&pagesize=30。

〈印度省長：已預留台灣園區土地〉，《中央社》（2012/6/12 瀏覽），http://www.roc-taiwan.org/IN/ct.asp?xItem=184350&ctNode=6279&mp=276。

〈印度基督徒社群遭連串襲擊〉，《BBC 中文網》（2010/12/29 瀏覽），http://news.bbc.co.uk/chinese/simp/hi/newsid_780000/newsid_784600/784622.stm。

〈印度總理回應涉嫌腐敗質疑：若屬實將辭職〉，《北京新浪網》，2012/5/31（2012/6/12 瀏覽），http://news.sina.com.tw/article/20120531/6900225.htm。

〈總統接見印度人民黨（BJP）上議院國會議員訪問團〉，中華民國總統府新聞稿（2012/6/12 瀏覽），http://www.president.gov.tw/Default.aspx?tabid=131&itemid=14870。

翁文祺，〈從三張照片看我與印度的關係〉，《外交部通訊》，第 29 卷，第 4 期（2012），http://multilingual.mofa.gov.tw/web/web_UTF-8/out/2904/2-2_page.html。

國際中心編譯，〈印度基督徒末日？極端派放火殺人〉，《今日新聞網》（2011/1/5 瀏覽），http://www.nownews.com/2008/09/24/334-2340197.htm。

愛德華‧盧斯；張淑芳（2007）《不顧諸神：現代印度的奇怪崛起》，中國：中信出版（2012/6/7 瀏覽），http://data.book.hexun.com/chapter-1221-5-2.shtml。

貳、外文部分

一、專書與專書中論文

Ahmed, Zafar(2003), *Future of Islam in South Asia*, New Delhi: Authorspress.

Ghosh, Partha(1999), *BJP and the Evolution of Hindu Nationalism: From Periphery to Centre,* New Delhi: Manohar Publishers and Distributors.

Heitzman, James and Worden, Robert(1995), *India: A Country Study*, Washington: GPO for the Library of Congress.

Kaviraj, Sudipta (1999), *Politics in India*, Oxford University.

Madhav, Ram(2011), *Communal Violence Bill: Threat to National Integration, Social Harmony and Constitutional Federalism,* New Delhi:VSY, RSS.

Malik, Yogendra K (2009), *Government and politics in South Asia*, Westview Press.

Mukherjee, Aditya, Mukherjee, Mridula and Mahajan, Sucheta(2008), *RSS, School Texts and the Murder of Mahatma Gandhi: The Hindu Communal Project,* New Delhi: SAGE.

Nair,Padmaja(2009), "Religious Political Parties and their Welfare Work:Relations between the RSS, Bharatiya Janata Party and Vidya

Bharati Schools in India" *Religions and Development Research Programme.*

Peter Ronald deSouza and E.Sridharan(2006), *India's Political Parties*, NewDelhi:Sage.

二、期刊論文

Das, Runa(2006), "Encountering Hindutva, InterrogatingReligious Nationalism and (En)gendering a Hindu Patriarchy in India's Nuclear Policies." *International Feminist Journal of Politics*, Vol.8, No.3, pp.370-393.

Dutt, Nitish and Girdner, Eddie J(2000), "Challenging the rise of nationalist-religious parties in India and Turkey," *Contemporary South Asia*, Vol.9, No.1, pp.7-24.

E., Sridharan(2005), "Coalition Strategies and the BJP's Expansion, 1989-2004," *Commonwealth & Comparative Politics*, Vol.43, No.2, p194-221.

Hafeez, Mahwish(2009) "15th Lok Sabha Elections in India," *Reflections*, No.3, pp1-11.

Hasan, Zoya(2010), "Gender, Religion and Democratic Politics in India", *Third World Quarterly,*Vol.31, No.6, pp.93- 95.

Jaffrelot,Christophe and Verniers,Gilles(2009), "India's 2009 Elections: The Resilience of Regionalism and Ethnicity,"*SAMAJ*(2012/5/17), http:// samaj.revues.org/index2787, pp.1-21.

Kondo, Norio(2007), "Election Studies in India," *Institute of Developing Economics*, Discussion Paper No. 98, pp.1-26.

Kundu, Apurba(2004), "India's National Security under the BJP/NDA: "Strong at Home, Engaged Abroad," *European Institute for Asian Studies,* pp.1-26.

Lefebvre, Bertrand and Robin, Cyril(2009), "Pre-electoral Coalitions, Party System and Electoral Geography: A Decade of General Elections in India (1999-2009)," *SAMAJ,* Vol.3, http://samaj.revues.org/index2795.html, pp.1-26.

Maclean, Kama(1999),"Embracing the Untouchables: The BJP and Scheduled Caste Votes," *Asia Studies Review*, Vol.23, No.4, pp.488-509.

Ogden, Chris(2010), "Norms, Indian Foreign Policy and the 1998-2004 National Democratic Alliance," *The Round Table*, Vol.99, No.408, pp. 303-315.

Price, Gareth(2004), "How the 2004 Lok Sabha election was lost," *The Royal Institute of International Affairs: Asia Program,* pp.1-7.

Saeed, Muhammad(2009) "Performance of Major Political Parties in Lok Sabha Elections," *Reflections*, No.3, pp1-6.

Wytaa, Andrew(2001), "Elections in India 1999-2000 The BJP Make Slow Progress," *The Round Table*, Vol.90,No.360, pp.379-396.

三、網路資料

"Arif Beg, Krishna Kumar join BJP," *The Hindu*(2012/5/4), http://www.hindu.com/2003/10/12/stories/2003101205290800.htm.

"Ayodhya verdict: PM appeals for calm," *Times of India*(2012/5/10), http://articles.timesofindia.indiatimes.com/2010-09-29/india/28216486_1 _ayodhya-verdict-judgement-traditions-of-indian-culture.

"Ayodhya verdict: Prime Minister appeals for communal peace," *New Kerala.com*(2012//5/10), http://www.newkerala.com/news/world/fullnews-51847.html

"BJP admits 'India Shining' error," *BBC*(2012/5/17), http://news.bbc.co.uk/2/ hi/south_asia/3756387.stm.

"BJP eyes returns from agitation, Sangh calls strategy baithak," *The Indian Express*(2012/5/7), 2011/8/17 http://www.indianexpress. com/news/bjp-eyes-returns-from-agitation-sangh-calls-strategy-baithak/832913/1.

"BJP womens wing ready for 2013 election," *IBN Live*(2012/6/4), 2012/04/01, http://ibnlive.in.com/news/bjp-womens-wing-ready-for-2013-election/24 4683-60-115.html.

"BJP-led NDA govt will come to centre after 2014 elections: Gadkari," *Pravasitoday*(2012/6/12), http://www.pravasitoday.com/bjp-led-nda-govt-will-come-to-centre-after-2014-elections-gadkari.

"Blow for blow," *Frontline*(2012/5/22), Vol.15, No.18(1998), http://www.flonnet.com/fl1518/15180110.htm.

"Deendar Anjuman banned," *The Hindu* (2012/3/4), http://hindu.com/2001/05/04/stories/01040007.htm.

"Hindutva: The Great Nationalist Ideology,"(2012/5/8), http://www.bjp.org/index.php?option=com_content&view=article&id=369:hindutva-the-great-nationalist-ideology&catid=92&Itemid=501.

"Infrastructure Sector Growth Rate," *Business Maps of India* (2011/10/6), http://business.mapsofindia.com/india-gdp/sectorwise/infrastructure-sector-growth-rate.html.

India's Population 2012, *India on Line Pages* (2012/8/2),http://www.indiaonlinepages.com/population/india-current-population.html. "Jaya threatens BJP over Cauvery issue," *Rediff*(2012/5/22), http://www.rediff.com/news/1998/aug/10tn.htm.

"Shiv Sena, Muslim body call for peace after Ayodhya judgment," *Business Standard*(2010/5/7)
http://www.business-standard.com/india/news/shiv-sena-muslim-body-call-for-peace-after-ayodhya-judgment/408710/.

"The Shiv Sena's games," *The Hindu*, Vol.18, Aug.(2011/10/2).

"What if Rajiv Gandhi hadn't unlocked the Babri Masjid in 1986?" *Outlook India,* (2012/6/7), (Issue23 August, 2004), http://koenraadelst.bharatvani.org/articles/ayodhya/unlock.html

"What will BJP do with Modi now?" *India Times*(2011/10/3), http://www.newsindia-times.com/NewsIndiaTimes/2011091 2/5238396896682631290.htm.

"Which Way To Poes Garden?" *Outlook*(2012/5/22), http://www.outlookindia.com/printarticle.aspx?205851.

Alistair McMillan, "Alliances did the trick for the Congress," *The Hindu* (2012/5/30), http://www.hindu.com/elections2004/verdict2004/stories/2004052000340700.htm.

BKS(2012/6/7), http://bharatiyakisansangh.org/.

Centre for Study of Society and Secularism(2012/5/29), http://www.csss-isla.com/index.htm.

CIA(2012/1/4),
https://www.cia.gov/library/publications/the-world-factbook/index.htm.

Dilip Simeon, "The Mirror of History," *Hindustan Times*(2012/4/16),2000/3/7.
http://www.amanpanchayat.org/index.php?option=com_content&task=view&id=96&Itemid=391.

Ekal Vidyalayas(2012/5/1), http://www.ekal.org/.

Election Commission of India, "Elecition Results," http://eci.nic.in/eci_main1/ElectionStatistics.aspx   http://www.vidyabharati.org/main.php.Election Commisstion in india.

IBLT(2012/6/2),
http://www.ibtl.in/video/6270/nuclear-weapons--mentioned-in-the-mahab harat.

India Election Affairs, "Result General Election 2009,"(2012/5/31) http://electionaffairs.com/results/ge2009/state-wise-perform/westbengal-results-parties.html.

India Election(2012/5/12), http://www.indian-elections.com/.

Indian/Independent People's Tribunal(2012/5/7), http://www.iptindia.org.

Maps of India, "Compare Verdict with Map," (2012/5/29), http://www.mapsofindia.com/election/india-election-2009/compare-verdict.html.

Muhammad Shahbaz Saeed, "Performance of Major Political Parties in Lok Sabha Elections," *Reflectio*(2009), No.3.

Organizational Statistics, ABVP(2012/4/15), http://www.abvp.org/index.php?option=com_content&view=article&id=51&Itemid=66.

Rai, Man Mohan, "Mulayam uses Ayodhya verdict to seek Muslim votes,"*The Economic Times*(2012/5/7), http://articles.economictimes.indiatimes.com/2010-10-02/news/27622742_1_ayodhya-verdict-muslim-voters-communal-passion.

Rashed Uz Zaman, "India's Strategic Culture and its Nuclear Policy," (2012/6/2),
http://www.asiaticsociety.org.bd/journals/Dec_2008/contents/Rashiduzzaman.htm#_edn1.

Rastrasevika Samiti(2012/5/22), http://rashtrasevika.org/.

Reserve Bank of India(2011/10/6), http://www.indiaonestop.com/inflation. htm.

Sahgal, Priya,"Parivar at Odds," *India Today* (2010/10/7), http://www.iias. org/adm_directors_profile.html.

Shri Atal Bihari Bajpai(2012/5/22), http://www.atalbiharibajpai.com/ThePM. html.

Struggle for Hindu Existence, "Coming Islamic regimen will stop Ram Janmabhoomi Temple and start forceful cow slaughter in Uttar Pradesh. Hindus will be put a in peril,"(2012/5/10), http://hinduexistence. wordpress.com/2012/03/10/coming-islamic-regimen-will-stop-ram-janma bhoomi-temple-and-start-forceful-cow-slaughter-in-uttar-pradesh/.

T.S. Subramanian, "A parting of ways," Frontline, Vol.21(2004)(2012/6/10), http://www.frontlineonnet.com/fl2101/stories/20040116002403400.htm.

Upadhyay, R, "RSS-BJP Relationship- What is new and Why this war cry?" (2011/10/6),
http://www.southasiaanalysis.org/%5Cpapers2%5Cpaper153.htm.

Zora, Parwini and Woreck, Daniel, "The BJP's "India Shining" campaign: myth and reality," *World Society Web Side, WSWS* (2012/5/17), http://www.wsws.org/articles/2004/may2004/ind-m07.shtml.

附錄

《研究訪談對象、時間與地點》

時間 （2012 年）	受訪地點、受訪者姓名、單位及職稱	
2月9日	地點	新德里
	姓名	Ram Madhav
	單位	RSS
	職稱	Member, Central Executive
2月14日	地點	新德里
	姓名	Vaibhav Dange
	單位	BJP
	職稱	Private Secretary to National President
2月14日	地點	新德里
	姓名	Chandan Mitra
	單位	Rajya Sabha
	職稱	Member of Parliament
3月-6月	地點	台中
	姓名	Rajeswari Pillai Rajagopalan, 賴潔希
	單位	Observer Research Foundation
	職稱	Senior Fellow

5月12日	地點	台中
	姓名	Ashok Sharma
	單位	Politic Studies Department Auckland University
	職稱	Lecture
6月6日	地點	台北
	姓名	Raviprasad Narayanan, 那瑞維
	單位	政治大學國關中心
	職稱	研究員

筆者繪製整理。

新‧座標18　PF0121

新銳文創
INDEPENDENT & UNIQUE

遠離甘地的國度
——世俗主義與宗教民族主義交戰下的印度政治

作　　者	藍筱涵
責任編輯	邵亢虎
圖文排版	郭雅雯
封面設計	陳佩蓉

出版策劃	新銳文創
發 行 人	宋政坤
法律顧問	毛國樑　律師
製作發行	秀威資訊科技股份有限公司
	114 台北市內湖區瑞光路76巷65號1樓
	電話：+886-2-2796-3638　傳真：+886-2-2796-1377
	服務信箱：service@showwe.com.tw
	http://www.showwe.com.tw
郵政劃撥	19563868　戶名：秀威資訊科技股份有限公司
展售門市	國家書店【松江門市】
	104 台北市中山區松江路209號1樓
	電話：+886-2-2518-0207　傳真：+886-2-2518-0778
網路訂購	秀威網路書店：http://www.bodbooks.com.tw
	國家網路書店：http://www.govbooks.com.tw

出版日期	2013年8月　BOD一版
定　　價	320元

Printed in Taiwan

國家圖書館出版品預行編目

遠離甘地的國度：世俗主義與宗教民族主義交戰下的印度政
治 / 藍筱涵著. -- 初版. -- 臺北市：新銳文創,
2013.08
　面；　公分
ISBN 978-986-5915-82-7（平裝）

1.政治　2.印度

574.371　　　　　　　　　　　　　　　102009187

讀者回函卡

感謝您購買本書，為提升服務品質，請填妥以下資料，將讀者回函卡直接寄回或傳真本公司，收到您的寶貴意見後，我們會收藏記錄及檢討，謝謝！
如您需要了解本公司最新出版書目、購書優惠或企劃活動，歡迎您上網查詢或下載相關資料：http:// www.showwe.com.tw

您購買的書名：_____

出生日期：_____年_____月_____日

學歷：□高中 (含) 以下　　□大專　　□研究所 (含) 以上

職業：□製造業　□金融業　□資訊業　□軍警　□傳播業　□自由業
　　　□服務業　□公務員　□教職　　□學生　□家管　□其它____

購書地點：□網路書店　□實體書店　□書展　□郵購　□贈閱　□其他

您從何得知本書的消息？

　　□網路書店　□實體書店　□網路搜尋　□電子報　□書訊　□雜誌
　　□傳播媒體　□親友推薦　□網站推薦　□部落格　□其他_____

您對本書的評價：(請填代號　1.非常滿意　2.滿意　3.尚可　4.再改進)
　　封面設計____　版面編排____　內容____　文／譯筆____　價格____

讀完書後您覺得：

　　□很有收穫　□有收穫　□收穫不多　□沒收穫

對我們的建議：_____

_____

_____

_____

11466
台北市內湖區瑞光路 76 巷 65 號 1 樓

秀威資訊科技股份有限公司　　收

BOD 數位出版事業部

....

（請沿線對折寄回，謝謝！）

姓　　名：＿＿＿＿＿＿＿＿＿　年齡：＿＿＿＿＿　性別：□女　□男

郵遞區號：□□□□□

地　　址：＿＿＿＿＿＿＿＿＿＿＿＿＿＿＿＿＿＿＿＿＿＿＿

聯絡電話：(日)＿＿＿＿＿＿＿＿＿＿　(夜)＿＿＿＿＿＿＿＿＿＿

E - m a i l：＿＿＿＿＿＿＿＿＿＿＿＿＿＿＿＿＿＿＿＿＿＿＿